ユニクロ9割で超速おしゃれ

3000人以上のファッション初心者を
おしゃれに変えたスタイリスト

大山 旬

大和書房

突然ですが、男性のみなさん。

まさか服を〝テキトー〟に選んでいませんよね？

最初に見てもらいたいのは、次の写真です。

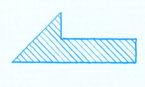

Before

After 1

1枚目の写真の9割は
ユニクロのアイテムです。

柄入りのTシャツにチェック柄のシャツ、ベージュのチノパン、そして量販店で売っている歩きやすさ重視のスニーカー。休日にはこのような格好の男性を街でよく見かけますよね。

一方で2枚目と3枚目のアフター写真。

実は、こちらもユニクロが
9割です。

そう、いずれの写真も、同時期に買ったユニクロのアイテムを使ってコーディネートしています。でも、印象がまったく違いま

After 2

すよね。

多くの大人の男性は、「とりあえず着れればいい」と、ユニクロで適当に買い物をすませてしまいます。それがまさに右側の写真です。

一方で、ごく少数のおしゃれな人たちは、うまくユニクロを使いながらおしゃれを楽しんでいます。同じお店で買い物をしても、「ちょっとしたポイントを理解しているだけ」で、まったく仕上がりが違ってくるのです。

この本では、もっとも身近な存在である「ユニクロ」を中心に使いながら、なるべくお金をかけずに、超速でおしゃれになれる方法をお伝えします。

はじめに

みなさん、はじめまして。スタイリストの大山旬です。

まずは簡単な自己紹介をしておきたいと思います。僕は身近なファッションの悩みを持つ人を対象に、一緒にお店をまわりながら、新しいファッションのご提案をする「個人向けのスタイリスト」です。これまで9年間にわたり、3000名以上の方をおしゃれに変身させてきました。

近年は大人の男性に向けて、動画や写真を使いながら、ファッションの基本をわかりやすく解説する「メンズファッションスクール」を主宰しています。

その中で、一般の方がどのようなファッションの悩みを抱えているのか、そしてどのようにその問題を解決すべきなのかについて、日々向き合い続けています。おしゃれが苦手な大人の男性に、ファッションの楽しみ方をわかりやすくお伝えするのが僕の役割だと考えています。

世の中には、「服なんて自己満足だ」という人もいますし、「着られればなんでもいい」という人もいます。

でも、**生きている限り必ず何かを着なくちゃいけません。**

せっかく服を着るのであれば、「あの人、なんか素敵だよね」と思われたほうがやっぱり気持ちがいいものです。

それでは、この「素敵さ」というのは、いったい何を基準に決まるのでしょうか。

ファッションは「今すぐ」変えられる

素敵さというのは、持って生まれた「顔立ちやスタイル」だけでは決まりません。

「人柄・雰囲気」と「ファッション（ヘアスタイル）」という、2つの要素に大きく影響を受けます。

そして、顔立ちやスタイルは簡単には変えられなくても、「ファッション」は今すぐに変えることができます。

さらに、ファッションがある程度整うと自信も高まり、歩き方や立ち居振舞いまで変わってきます。

そうすると、いつの間にか「人柄・雰囲気」までも変わり始めます。**ルックスやスタイルに頼らなくても、後天的な要素だけで、素敵に見せることは十分に可能です。**

ここでちょっと思い出してほしいのは、落語家の笑福亭鶴瓶《しょうふくていつるべ》さんです。鶴瓶さんは落語家の中では珍しく、スタイリストを付けています。顔は優しいおじさんという感じですが、いつもおしゃれなので、テレビではとても好印象です。顔立ちがイケメンじゃなくても、「見せ方次第」で素敵な印象は得られるという好例ですね。

「内面そのまま」で急にモテはじめるワケ

「素敵に見せたい」というニーズに応《こた》え、たとえば僕は婚活中の男性にファッションの提案をすることがあります。

彼らと実際に話してみると、とても人柄がいいのですが、まったく女性との縁がないと言うのです。人は外見よりも中身が大切なのは言うまでもありませんが、ファッションやヘアスタイルなどの外見で損をしてしまうと、肝心な中身のよさが相手にうまく伝わりません。

そういう人がファッションを変えると、内面の魅力がダイレクトに伝わるようになり、すぐに結婚が決まることも少なくありません。

逆に、どんなにファッションが素敵になっても、店員さんへの態度が横柄《おうへい》だったり、人柄に難があると、やっぱりなかなか結婚には結びつかないこともあります。そう考えると、人の素敵さというのは、さまざまな要素の掛け算で成り立っていることをあらためて感じます。せっかく人柄がいいのであれば、見た目で損しないようにしたいものです。

先ほど鶴瓶さんを例にあげましたが、僕は都内で仕事をしているので、オフの芸能人を街で見ることがよくあります。

テレビに出るときはスタイリストやヘアメイクなどプロの方が付くので見た目は完璧な状態ですが、プライベートになるとまったく目立たなくなる人も多いです。ファッションやヘアスタイルがしっかりキマっているショップ店員さんのほうが、かえって素敵に見えることもよくあります。

見た目のいい芸能人でさえそうなのですから、僕たちのような一般人こそ、30歳を超えたら顔だけで勝負するのではなく、総合点で勝負することが大切です。イケメンだったりスタイル抜群ということよりも、雰囲気やセンスのよさで勝負するのが、今の私たちに求められていることです。

何歳になっても、いつからでも、素敵になることは十分にできます。

それでは、具体的なファッションのノウハウをお伝えしていこうと思うのですが、僕は2016年に『おしゃれが苦手でもセンスよく見せる 最強の「服選び」』という本を上梓しました。お陰さまで3万人を超える方々に読んでいただきました。今回の本は約1年振りとなりますが、単なる「第二弾」というわけではありません。

今回は、前著を刊行してから見えてきた、服選びに関する「3つの本音」に応えようと思います。それぞれ紹介しましょう。

本音1　「シャツに1万円は高すぎる！」

以前、インターネットの調査で、「1ヶ月にどれくらい洋服代をかけていますか？」というアンケートを目にしたことがあります。独身男性では「1万円未満」という回答が全体の8割を超えるという結果でした。中には、「服はほとんど買わない」という答えも多くありました。

「服なんて着られればいい」という意識がまだまだ根強いのかもしれません。

また、近年30～40代向けの男性ファッション誌が好調という話を聞きますが、実際にみなさんのまわりでファッション誌を定期的に読んでいる人はどれくらいいるでしょうか。おそらく、あまり多くはないかと思います。

一部のファッション好きの人はいるかもしれませんが、それ以外の大多数の男性は、**いまだにどんな服を買えばいいのかわからず、なるべくお金もかけたくない**というのが正直なところなのだと思います。

独身男性ですらそうなのですから、結婚や子育てをしている男性ですと、なおさら服にお金をかける余裕はありません。

前著で紹介した、ユナイテッドアローズをはじめとする「セレクトショップ」では、シャツ1枚で1万円前後、ジャケットで2万5000円前後、アウターだと3万円以上が相場になります。

「思い切って投資をしよう」というのであればなんとか手が届く範囲でしょうが、多くの人は踏みとどまってしまうはずです。

実際、前著を読んだ僕の知人からも、「セレクトショップだとちょっとハードルが高いな」「もう少し安く服を揃えられるといいな」という感想をもらいました。

これからおしゃれを楽しむための「入り口」として、もう少し安い価格帯でおしゃれを楽しむ方法を知ってもらいたいと思ったのが、本書を書こうと思ったきっかけの1つです。

本音2　「おしゃれすぎると逆にダサい！」

お金をかければおしゃれになれると思っている人はいまだに多いのですが、それは大きな誤解です。お金をかけることと、おしゃれに見えるかどうかはまったく別の問題です。

銀座や六本木などの街を歩いていると、全身をブランド物で固めた、いかにもお金を持っていそうな人とすれちがうことがあります。スタイリストという仕事柄、身につけているアイテムがどれくらいの価格なのか、ある程度予測がつきます。

いまだに「よい服＝ブランド物の服」という概念は根強いものだとあらためて感じます。プロスポーツ選手の私服を見てもそうです。

それでは、彼らがおしゃれかというと、ブランド物に頼り、それなりにお金をかけているのに「あまり素敵に見えない」と感じることが珍しくありません。

どんなに高いものを着たとしても、全身のバランスが整っていなければ、決して素敵なファッションには見えません。むしろ、わかりやすいブランド物で全身を固めると、かえって品がないように見えてしまい、印象を損ないます。

一方で、全身をユニクロ中心に揃えているのに、どことなくセンスが漂《ただよ》う人もいます。何を買い、どのように合わせれば素敵に見えるのかをしっかりと理解している人は、お金をかけなくてもそれなりに見せることができます。

つまり、大切なのはお金やブランドではなく、今の年齢、そして時代に合った服を選ぶ「感覚」なのです。

また、時代によって素敵な男性像というのも変わります。

ここ数年の傾向では、**「おしゃれなのはいいけど、頑張りすぎている男性はちょっとイタいよね」**という女性からの意見が根強いです。

おしゃれもやりすぎると逆にダサく感じられてしまうのです。

だからこそ、今の時代に目指すべきなのは、「さりげなくおしゃれな人」です。

数年前に、「ノームコア（究極の普通）」という言葉が注目されました。手ごろなブランドで自分らしく、自然体に着こなすほうが好感度は高いのです。それは異性に限らず、同性からの視点でも同じです。

第2ボタンまでシャツを開けてギラギラしているような男性は、やはりチャラく見られますし、同じ男性から見ても素敵には感じられません。自己満足のファッションを楽しむのも悪くないですが、他人から評価してもらえる「自然体のファッション」を心がけてみることがコスパのいい選択です。

本音3 「パッと見は値段がわからない！」

ブランドのロゴが付いている服を見ると、「あれは、高いんだろうなぁ」というのが誰の目で見てもわかります。でも、そういったものが一切ないと、「価格の差」というのはなかなか見分けがつかないものです。本音を言うと、スタイリストの僕でも一瞬で良し悪しを見分けることは難しいです。

たとえば、こちらの2枚のシャツを見てください。

どちらが高いか見分けがつきますか？

ブランドのタグを外してしまえば、おそらくほとんどの人はその違いをあまり感じないはずです。上はユニクロで3000円。下はセレクトショップのオリジナルで1万5000円。その差はおよそ5倍です。では、品質も5倍の価格差を感じるかというと、9割以上の人はそんなに違いがわからないはずです。

ファッションの世界には、価格帯によるピラミッドのようなものが存在します。最先端の流行を発信する高価なブランドもありますが、その下に位置するブランドは上位のブランドが表現する世界観をうまく取り入れながら服作りをしています。

その中でもユニクロは、時代の空気感をいち早く汲《く》み取り、手頃な値段帯で表現するのがとても上手なブランドです。このスピード感は年々高まっているように感じます。

もちろんユニクロに限らず、どのブランドも昔に比べて時代の空気感を取り込むのが上手になっています。

そうすると、**高い服と安い服はますますパッと見では判断できなくなります**。実際に袖を通して比較してみると、シルエットがきれいだったり、素材の質感が上品だったり、縫《ほう》製《せい》の仕上がりが自然で美しかったり、その違いを実感することができます。この微差を楽しむことがファッションの醍醐《だいご》味《み》かもしれません。

でも、日常生活でそこまで注意深く他人の服を見ることはめったにありません。世の中の数%の人には違いがわかるかもしれませんが、圧倒的多数の人たちは、パッと見の外側のデザインしか見ていません。ということは、**「そこそこ素敵に見えれば十分」というところを目指すのが、実は最もコスパのいい選択**と言えるのかもしれません。

以上の「3つの本音」に応え、お金をかけずに素早くおしゃれになれる方法が紹介できないかと思い生まれたのが本書です。超速おしゃれステップは次の3つです。

ステップ1　買ってはいけない「8割の服」を見分ける
ステップ2　「アイテム選び」で70点のベースを整える
ステップ3　「アクセント」をつけて80点以上を目指す

順番に説明していきましょう。

超速おしゃれ「ステップ1」

買ってはいけない「8割の服」を見分ける

ユニクロをはじめ、低価格のショップの中にも素敵な服が増えてきたという話をしましたが、「じゃあ、どんな服でもいいのか」というと、まったくそんなことはありません。安くても素敵な服が増えた結果、日本中におしゃれな人が溢れかえっているかというと、そんなことはまったくありませんよね。いくらユニクロにおしゃれな服が増えているといっても、選び方を間違ってしまえば、まったく素敵には見えません。

実は大人の男性が持っておくべき服というのは、お店の中でも2割程度しかありません。それは着こなしの基本となるような「ベーシックなアイテム」です。

でも、お店に入ってすぐに目立つのは、流行アイテムや、色鮮やかなカラーバリエーションのアイテムです。お店側が売りたいものは「旬なデザインの服」であり、代わり映《ば》えのしないベーシックな服ではありません。店員さんも旬なアイテムをおすすめしたくなるのは当然でしょうし、そうすることで毎年の買い替え需要を作り出しているわけです。

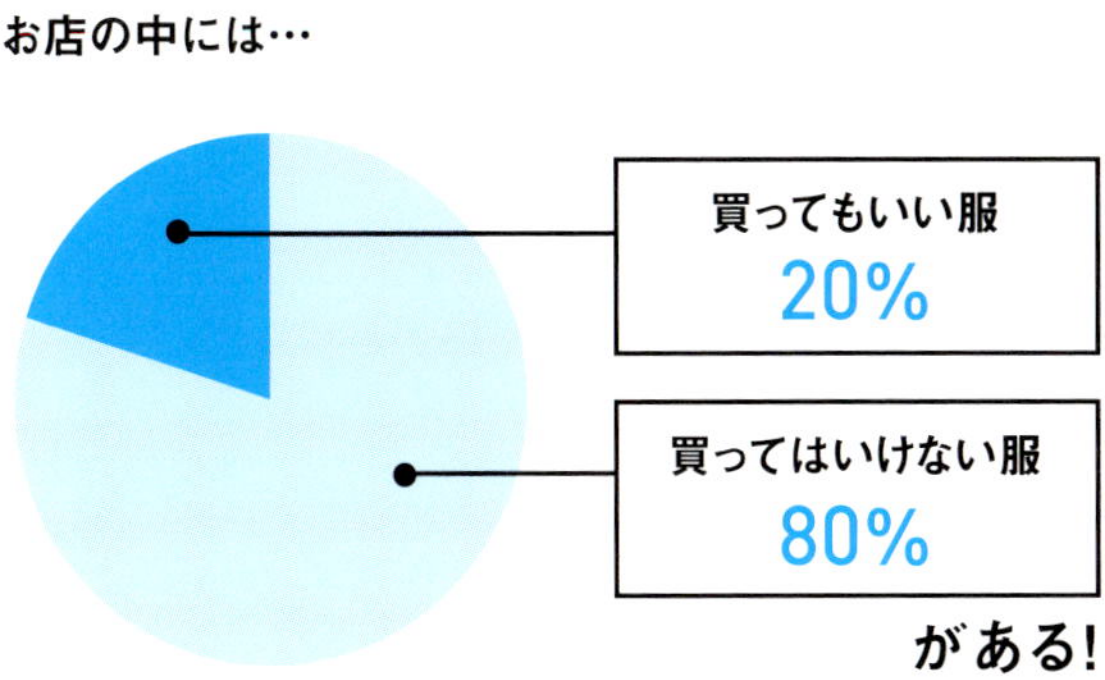

なので第1章では、**お店側の都合で服を買うのではなく、多くの服の中から「見極める力」をみなさんにつけてもらおうと思います。**とはいえ、そんなに難しいことではなく、ポイントさえ押さえておけば誰でも簡単に選ぶことができるようになります。

そのようなコツを知っておかないと、店員さんからすすめられるままに服を買ってしまったり、店頭ディスプレイを見てそのまま買ってしまったりして、あとで後悔してしまうことも多いです。

まずは、ベーシックなアイテムを知り、それを丁寧に選ぶこと。これだけで大きな失敗は回避できます。

超速おしゃれ「ステップ2」

「アイテム選び」で70点のベースを整える

見分けるポイントを押さえたら、次はアイテム選びです。

お店の中で目立っている服ではなく、地味で目立たない服を最初に揃えます。

柄や色に惹《ひ》かれてなんとなく購入しても、1点ずつがゴチャゴチャしてしまい、合わせるのが難しくなってしまいます。ある程度、自分の中で明確な基準を作ってからショップに行かないと、やはり華やかなものに惹かれてしまうものです。

大切なのは、1つずつのアイテムのおもしろみではなく、「全体のバランス」です。個性的なアイテムを使って全身をコーディネートするのは、あまりに難易度が高すぎます。

服というのは「パーツ」だと考えるべきです。 パーツ自体が存在感を放ちすぎると、コーディネートする際に非常に使いにくくなります。

ファッションというのは、昨日今日完成したのではなく、長い歴史の積み重ねによって少しずつ築き上げられてきたのです。その中で培《つちか》われてきた「基本」のようなものが存在

買ってもいい服をそろえるだけで…

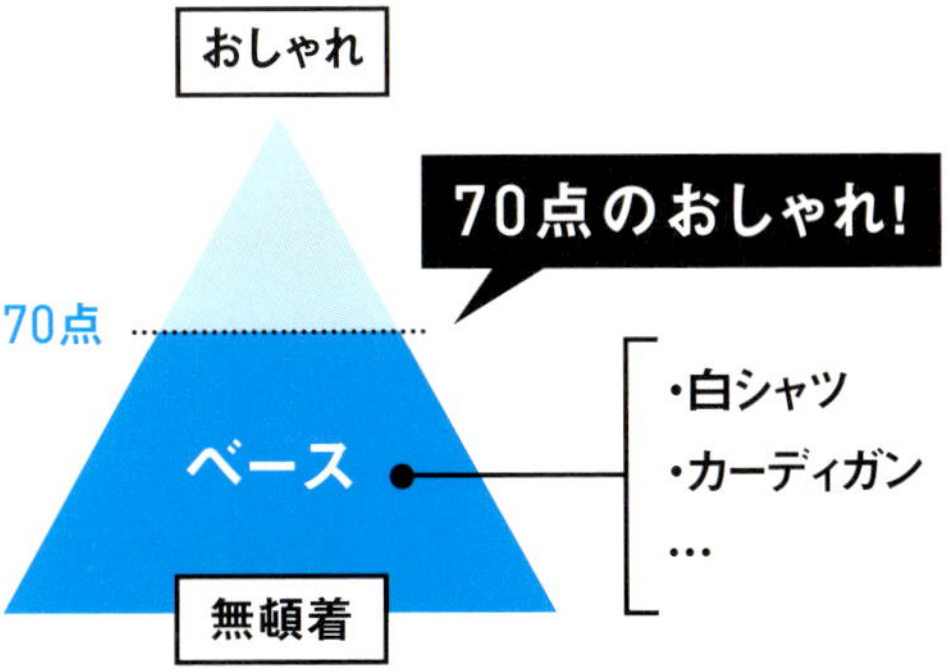

しますし、それは今後も変わらず残り続けます。スーツスタイルといったら、「スーツ、シャツ、ネクタイ」というように、私服にも基本となるマストアイテムがあります。

ただ、**服に無頓着な人は、「ジーンズ、パーカ、プリントTシャツ、斜めがけバッグ、歩きやすいスニーカー」というように、マストアイテムがズレてしまっています。**おそらく学生時代から選ぶものがほとんど変わっていないのでしょう。

なので第2章では、ベーシックなアイテムであるシャツやニット、ジャケットを1つずつ丁寧に紹介していきます。それぞれの選び方のポイントさえ押さえれば、それだけで70点以上のおしゃれが実現できます。

超速おしゃれ「ステップ3」

「アクセント」を取り入れて80点以上を目指す

ステップ2で、ファッションで大切なことはコーディネートではなく、パーツ選びだということをお伝えしました。しかし、ここで1つ問題が出てきます。

パーツ自体はできるだけシンプルなものを揃えるのですが、それだけだと「普通すぎる」ように見られてしまいます。

そこで、大切になるのが「アクセント」です。

着こなし方や、着崩し方など、「ちょっとした工夫」でアクセントを付け加えると、簡単におしゃれに見せることができます。

定番アイテムの中に、「視覚的な引っ掛かり」があると、「おしゃれだな」と気づいてもらえるようになるのです。

なので、定番アイテムで70点の土台を作ったら、第3章ではアクセントを加えて80点以上を目指していきます。

さらにアクセントを極めれば…

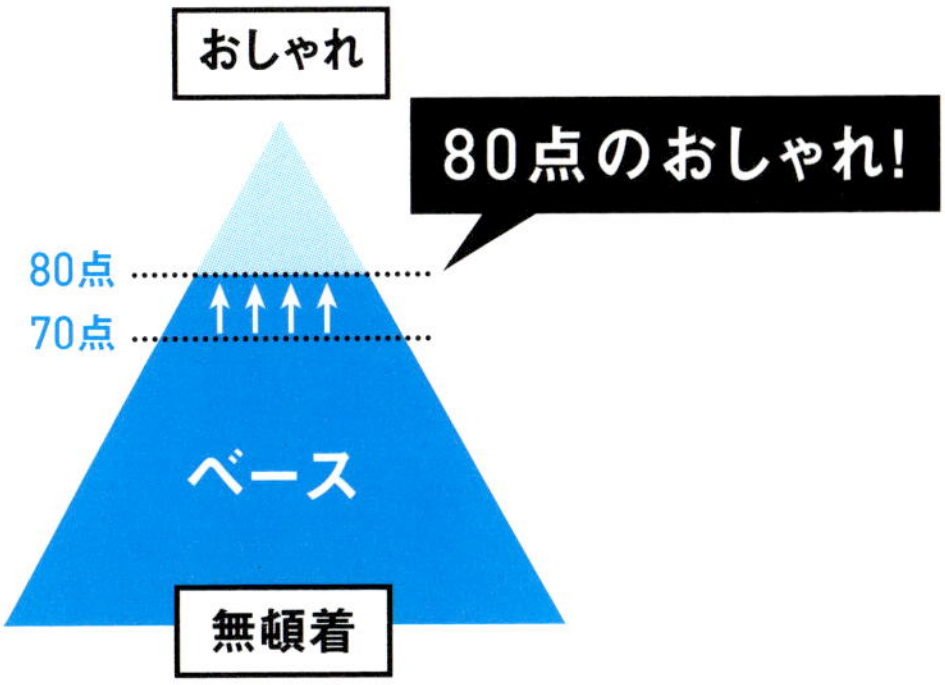

おしゃれに慣れていない人は、この順番を間違えてしまいがちで、いきなりアクセントを加えようと考えてしまいます。

その結果、色や柄で目立つアイテムに手がのびてしまうのです。

具体的なアクセントは、「着崩し」「色・柄」「小物」「クセのあるアイテム」「トレンドアイテム」の5つです。

それをすべて取り入れるのではなく、**さりげなく2〜3割だけ加えてみる。そうすることで、全体のコーディネートが整います。**

それぞれ丁寧に説明していきますので、ぜひマスターしましょう。

おじさんファッションになる前に

以上の「3つのステップ」さえマスターすれば、誰でも簡単におしゃれになることができます。

ただ、本題に入る前に、1つだけ触れておきたいことがあります。

それは、おしゃれに変わるために必要なのはセンスやお金ではなくて、「**ちょっとした覚悟だ**」ということです。今までのファッションを変える覚悟、そして新しい価値観を楽しむ覚悟です。

そもそも、ファッションを変えるというのは、勇気がいることです。

なぜなら、ファッションにはこれまでのライフスタイルや価値観が深く根付いているため、それを変化させるというのはそれなりの覚悟が必要になるからです。

実際に僕のお客さんでも、「別人のようにしてください」というリクエストをする人はほとんどいません。

多くの人は、「**あまりやりすぎることなく、自然におしゃれを楽しみたい**」という依頼をされます。

よくテレビで、「お父さんをかっこよく変身させる」というような企画がありますが、**あそこまで極端に変わってしまうのは気恥ずかしいという人も少なくありません**。ガラリと変えてしまうと、その反動で元に戻ってしまうことも少なくありません。

もし、あなたがふだんユニクロで服を買うことが多いのであれば、まずはユニクロの中での「服の選び方」を変えることから始めてください。そうすれば心理的な負荷も少ないまま、スムーズにファッションを変えることができます。

いきなり飛び級をする必要はありません。少しずつおしゃれの楽しみ方を知ることが一番の近道です。その小さな積み重ねが必ず大きな変化へと繋《つな》がります。

ただ、ファッションがイマイチな人に共通するのは、「変化を避ける」という点です。安心できるような服しか着ない。あまり着たことがない服にはトライしない。このような習慣を持ち続けると、**20代のうちはいいですが、そのうち必ずおじさんっぽいファッションに陥《おちい》ってしまいます**。

私たちは歳をとります。いつまでも若い頃のままのファッションが似合うはずはありません。また時代も少しずつ、確実に変わります。

それなのに自身の着るものにも変化を取り入れなければ、野暮ったいファッションになってしまうのは当然です。大切なのは、時代に合わせてご自身のファッションをアップデートすることなのです。

10代や20代前半の頃、おじさんたちのファッションを見て、「ダサいなぁ」と思ったかもしれません。

けれど、それは歳をとればそっくりそのまま、あなたの身にも降りかかります。

それを脱するには、**着たことがない服でも、楽しみながら取り入れてみる態度を大切にすることです。** その気持ちさえあれば、ファッションを変えるのは難しいことではありません。新しいファッションを取り入れるには最初こそ勇気がいりますが、慣れてしまえばなんてことはないものです。楽しみながら、新しいご自身の姿を受け入れてください。本書を読む前に、そのことはぜひ覚えておいてください。

この本で紹介するアイテムや着こなしは、ユニクロやGUなど、身近なブランドを用いたものがほとんどです。価格面でのハードルはなるべく取り除くように工夫しました。どんどん新しいファッションにトライして、新しい自分を楽しんでみてください。

目次

第2章 「アイテム選び」で70点のベースを整える

・子どもっぽさのない短パンを穿きこなそう！

ダウン1枚で冬を乗り切らない

「スポーツミックス」を取り入れる

揃えるアウターはこの4つ！

・きれいめコートは襟を立ててラフに着崩す！

・着こなしが一気にまとまる最強の大人コート！

・着心地バツグン！ スポーティーなアイテムを取り入れる

・光沢感を抑えてできるだけシャープにダウンを着る！

Tシャツは「重ね着」が基本

「柄物」に要注意

揃えるべきTシャツはこれ！

おじさんに見えないポロシャツはこれ！

・大人の男にはシンプルで上質なTシャツを！

・着こなし方と色選びで脱・おじさんを！

第3章 「アクセント」を取り入れて80点以上を目指す

付録 大人の男のコーディネート実例

第1章

買ってはいけない「8割の服」を見分ける

誰でもできる！服を絞り込む技術

買うべき服は「たったの2割」

おしゃれになるためには、新しい服を買い揃える必要があります。でも、その前にみなさんに知っておいてもらいたいことがあります。それは、「はじめに」でもお伝えしたように、「**買うべき服はお店の中の2割だけしかない**」ということです。

お店に入ると、色がきれいだったり、柄が特徴的だったりして、つい心が惹《ひ》かれる商品が目に飛び込んできます。もちろんお店も商売なので、旬なアイテムや売りたいものを目立つ位置に配置するのは当然です。

では、このような目立つ服が本当に揃えるべき服なのか、ずっとクローゼットの中に残り続ける服なのかというと、答えは「NO」です。アクセントとして用いるにはよいですが、私たちの日々のファッションの基本となるようなアイテムではありません。

そもそも私たちは何の特徴もない「普通のアイテム」よりも、左のシャツのように、ステッチに色が付いていたり、切り返し部分に柄の入っている「ひとくせあるアイテム」をおしゃれに感じやすいです。

そういう細部に対して、「かわいいね」「おしゃれだね」と褒《ほ》めてもらうことがあるかもしれませんが、**それを鵜呑《うの》みにしてはいけません**。このようなアイテムで構成されたファッションは着てみるとバランスが悪く、チープに見えてしまいます。

初心者がつい陥《おちい》りがちな「わかりやすいおしゃれ感」は、なるべく避けたほうがいいのです。

ボタンやステッチの主張が強いとキザっぽく見える

それよりも真っ先に揃えるべきなのは、ちょっと物足りないくらいに感じるオーソドックスなアイテムです。着こなしに退屈さを感じるときは、アクセントを加えれば一気に印象が変わります（「アクセント」については第3章で詳しく説明します）。

まずは、遊び心はいったん脇に置いて、お店の中に並ぶ2割の普通のアイテムを揃えるようにしましょう。

すると、「お店はなんでベーシックなものを売らないの？」と思われるかもしれませんが、**本当にベーシックな服だけを並べたら、お店は成り立たなくなります**。ベーシックな服というのは、そんなにたくさんのバリエーションがあるわけではありません。さらに、一度買ったらそれなりに長く使えるため、買い替え需要も起こりにくくなります。

そうした「お店側の都合」も理解しながら、消費者の私たちは、「本当に使える2割の服」を選び取れるようになることが大切なのです。

服を絞り込むための「3つのポイント」

それでは、具体的に「絞り込む基準」を紹介していきましょう。ポイントは、「色」「柄」

「お店」の3つです。

この3点でフィルタリングすることで、おのずと2割の定番アイテムが浮かび上がってきます。順番に説明していきます。

【その1】　色を絞り込む

まずは、「色」です。たとえばユニクロに行くと、1つのデザインにも無数のカラーバリエーションが存在します。正直、どれを選べばいいのか迷ってしまいますよね。

でも、**大人の男性ファッションにおける基本的な色というのは、ある程度限られています。**それが次の5色です。

- ネイビー
- グレー
- ベージュ
- ブラック
- ホワイト

基本的にこの5つの中から選んでおけば、大きく失敗することはありません。

その一方で、「せっかくだから冒険してみよう」と、赤や黄色といった色を選ぶ人が多いと思いますが、ベース作りにおいて、そういった鮮やかな色は不向きです。

赤や黄色といった発色のいい色は、それなりに投資をして選ばないとチープな印象になってしまいます。

色で主張をしようとすると、そこそこお金をかけて素材の質感のよさが伴わなければ、品良くまとまらないのです。

ですので、お金をかけずにおしゃれになるためには、ネイビーやグレー、ブラックのように深めの色か、もしくはホワイトやベージュのように極端に明るい色であれば、見た目に値段の差が出にくくなります。

なので、選ぶべき色を「ネイビー」「グレー」「ベージュ」「ブラック」「ホワイト」に固定してしまえば、色での失敗はなくなるわけです。これだけで、全体の服の半分以下に選択肢が絞られるはずです。

［その２］　柄を絞り込む

次に、「柄」です。

私たちはつい特徴的な柄物に魅力を感じてしまうのですが、「**不用意に柄物を選ばない**」と意識するだけでも大きな失敗を避けることができます。なるべく服にお金をかけない場合は、柄物には特に注意が必要です。これも、それなりに投資をしないと値段の差が表れてチープな印象に陥りやすいです。

たとえば、ユニクロでは「ＵＴ」と呼ばれるさまざまな柄物のＴシャツが売られています。キャラクターや企業とのコラボレーションも多く、つい魅力的に感じてしまうものだと思います。

しかし、これらのＴシャツは、大人の男性にはなかなか似合いにくいものです。もちろん、部屋着で楽しむぶんにはかまいませんが、おしゃれな着こなしを目指す際には選択肢から外すべきです。

柄物でコーディネートしようとすると、その人のセンスが必要以上に問われてしまいます。そのため、まずはセンスに大きく左右されないところで勝負したほうが、素早くおしゃれに見せることができます。

そこで、まず選ぶべきなのは、とことん「無地」です。

無地であれば、センスの良し悪しに大きく左右されることはありませんし、それだけで大人っぽく見せることができます。一見、退屈そうに見えるかもしれませんが、おしゃれな人は案外無地を好んで着ます。

ある程度、無地のアイテムが揃ってきたら、ようやく次にシンプルな柄物を揃えます。中でも失敗しないのが次の2つです。

・ストライプ
・ボーダー

柄の中でも、こうした定番的で見慣れたものを選ぶようにします。

とはいえ、これらはあくまでアクセントとして慎重に取り入れるものなので、第3章であらためて扱います。まずは、「無地だけを選ぶ」。これだけを意識してください。これでさらに半分以上のアイテム、つまり2割の服に絞られるはずです。

【その3】お店を絞り込む

色と柄の2点だけでも、十分に選ぶべき服は絞られます。

ですが、さらに大きな失敗を避けるために必要なのが、「お店選び」です。いざ服を買おうとすると、お店にはたくさんの選択肢があります。

ただ、その中で定番と呼ばれる服をちゃんと揃えているお店は限られています。さらに本書では、「価格が手ごろ」という条件を重視するので、次のお店が該当します。

- ユニクロ
- GU
- 無印良品
- GLOBAL WORK（グローバルワーク）

ただ、「この中ならどんなアイテムを選んでもOK」というわけではなく、あくまで「色」「柄」の2つのポイントを押さえながら服を選ぶことが大切です。

たとえばユニクロには、オーソドックスな定番アイテムがしっかりと揃っています。その一方で、UTやチェック柄のネルシャツなど、柄物のアイテムもたくさん並んでいます。そうすると、本書の冒頭で見せたように、全身ユニクロでもおしゃれに見える人と、ダサく見える人が出てきます。

低価格帯のお店では凝《こ》ったデザインのものは選ばず、シンプルなものを中心に揃えることが大事です。

他にも、少し価格帯は上がりますが、セレクトショップの中でも比較的安い価格帯のブランドがあります。

・JOURNAL STANDARD relume（ジャーナル・スタンダード・レリューム）
・URBAN RESEARCH DOORS（アーバン・リサーチ・ドアーズ）

これらはセレクトショップのセンスのよさが漂いながらも、本家よりもかなり価格を抑

■ 本書でおすすめの低価格帯ショップ

ファストファッションブランド	SC（ショッピングセンター）系ブランド
・ユニクロ ・GU ・ZARA	・GLOBAL WORK ・BAYFLOW
低価格帯セレクトショップ	**靴&メガネショップ**
・アーバン リサーチ ドアーズ ・チャオパニックティピー	・ABCマート ・JINS ・Zoff

えて揃えることができるので、少しずつおしゃれに慣れてきたら活用してみることをおすすめします。

一方、**街でよく見かけるロードサイドの洋服屋さんや大手スーパーなどで服を選ぶのは、なかなかハードルが高いことなので避けましょう。**そうするくらいなら、もっとも身近なユニクロやGUで服を買うことをおすすめします。

以上、「色」「柄」「お店」の3つのポイントを押さえれば、大きな失敗をすることなく、たくさんの服の中から2割のベーシックなアイテムを揃えることができます。

繰り返しになりますが、価格帯を抑えるか

らこそ、これらの3つのポイントがとても重要になります。「着ているだけで一発アウト」とならないように、丁寧に買い揃えることが大切です。

多くの人は、「無地＝地味」という先入観を持っています。これは、服をアイテム単体で見てしまっているからこそ起こることです。たとえ、その1点が地味に見えても、**全身で合わせて見たときに調和がとれていれば、地味な印象はなくなります。**その逆に、1点ずつの個性が強いと、着こなしはまとまらなくなります。

「ベーシックなアイテムを揃える」→「アクセントを加える」という順番だけは、絶対に間違えないようにしましょう。

ファストファッションを使い倒す方法

なぜ、ユニクロを最優先すべきなのか？

前項で「お店選び」について述べたのですが、本書のテーマは、「ユニクロ9割」です。基本となるアイテムのほとんどは、「ユニクロ」で揃えることができます。

ただ、30代以上の男性の中には、いまだに「ユニクロはダサい」というイメージを持っている人も少なくありません。

しかし、その考え方自体が古いですし、先入観をあらためないと非常に損をします。

ユニクロほど優れたショップはそう多くはありません。もちろん選び方や使い方次第ですが、私たちが「基準」を持ってアイテム選びをすれば、ユニクロほど大きな味方になってくれるお店はありません。

なんと言っても、「それぞれのアイテムの個性が強くない」というのがユニクロ最大の特徴です。

ユニクロをはじめとする「ファストファッションブランド」の中には、H&MやZARAなど、デザインの凝ったブランドも少なくありません。日々移り変わるファッションの世界において、短いスパンで流行のアイテムをどんどん提供していくというスタンスは、とても合理的なビジネスモデルだからです。

ただ、ユニクロには流行アイテムを取り揃えながらも、**その根底には日本人に似合いやすい「ベーシックさがある」ということを常に感じます。**だからこそ、ユニクロの服はあくまでパーツであって、それらをうまくミックスしながら、さまざまなファッションの基本を作ることができます。


とはいえ、僕はユニクロさんと一緒にお仕事をしているわけではないので、スタイリストとしての立場から良い点と悪い点をしっかりとお伝えしながら、その上手な活用方法を本音で解説したいと思います。

【その1】使い勝手のいい素材

ユニクロは国内最大級のファッションブランドです。企業の規模が大きいため、常に最新・最良の素材を取り入れています。

たとえば、みなさんも一度は買ったことがあるはずの「**エアリズム**」や「**ヒートテック**」といった、高性能の素材使いはユニクロの代名詞でもあります。ジーンズであれば世界的に有名な広島県のカイハラ社と共同開発した生地を使っていますし、ジーンズ専門の開発機関も設けています。このような高いクオリティのジーンズが4000円前後で販売できるというのは、ユニクロでしか実現できないことでしょう。

最近では、「**感動パンツ**」のようなストレッチのよく効《き》いた着心地を重視したアイテムにも力を入れています。もちろん穿《は》き心地もよいのですが、デザインも非常に優れていて、僕が所有している海外のボトムス専業ブランドのものと比べても、その差はあまりわからないほどです。

また、シャツやジャケットの「**パターンオーダー**」にも進出をしています。シャツは襟の形を指定できるので、カッタウェイなどの襟を選べば、セレクトショップに並んでいるものと大きく遜色《そんしょく》のないものができてしまいます。

このようにユニクロは国内を代表する大企業なので、素材開発をはじめとした新しい試みがスピード感をもって行われています。

【その2】 質の安定感

ファストファッションブランドの服に共通するデメリットとして、「縫製《ほうせい》が雑」という点が挙げられます。以前に比べるとかなり改善されてきましたが、数回着ただけでヨレヨレになってしまった経験も少なくありません。特に、さまざまな価格帯の服に袖を通している人であれば、その違いには敏感に気づくはずです。

その点、ユニクロの商品は他のファストファッションブランドと比べても品質が非常に安定しています。ユニクロといえば中国製の商品が多いですが、中国製にネガティブな印象を持つ人も少なくないかと思います。

私たちはどこかで、「メイド・イン・ジャパンこそ一番だ」という幻想を持っていますが、それはもう昔の話です。**中国をはじめ、東南アジアで作られているユニクロの服でも、品質管理はとても優れています。**

前著で紹介したユナイテッドアローズやトゥモローランドなどの「セレクトショップ」でも、メイド・イン・チャイナの商品は少なくありません。国産のみが必ずいいものとは限らないのです。

【その3】 有名デザイナーとのコラボレーション

ファストファッションブランドの中には、有名デザイナーとコラボレーションを行っているところも少なくありません。H&MやGAPなどもそのうちの1つです。

ただ、実際のデザイナーとのコラボレーション企画は奇抜《きばつ》なデザインのアイテムが多く、なかなか一般的には取り入れるのが難しいことも多いです。

その点、ユニクロのコラボレーションはベーシックの範疇《はんちゅう》でデザイナーの個性が表現されているため、比較的取り入れやすいのが特徴です。

最近では、エルメスのデザイナーを務めたクリストフ・ルメールとの「ユニクロユー」や、2017年の秋からはJ.W.アンダーソンなど、**世界的にも著名なデザイナーを迎えたコラボレーションをどんどん仕掛けています。**

クリストフ・ルメールやJ.W.アンダーソンの服は、それぞれオリジナルのものだと、かなり高価になるため、ファッション好きの人がこぞってユニクロで買い揃えます。

もちろん通常のユニクロに比べるとクセのあるものが多いため、すべてをおすすめできるわけではありませんが、第3章でお伝えする「アクセント」として取り入れる際には非常に重宝しますので、ぜひ覚えておきましょう。

【その4】 豊富なサイズ展開

サイズ選びに苦労している人は、世の中に多くいます。僕のお客さんの中にも、体が大きくてセレクトショップのサイズ感だとタイトすぎるという人がいます。かくいう僕自身も体が小さいため、ぴったり合うサイズを探すのが難しいです。

その点、ユニクロはサイズが豊富にあります。**ネットショップを使うと、ものによってはXSから4XLまでの用意があります。**僕もこれらを愛用していて、XSサイズを買うこともしばしばあります。

＊

以上の4点が、ユニクロを活用するメリットです。

今やユニクロは日本を代表するファッションブランドであり、デザイン・機能性、共に非常に優れています。

「ユニクロってダサいよね」というイメージを持ったままだともったいないのです。

ただ、ユニクロの価格の手頃さというのは最大のメリットですが、大きなデメリットも抱えています。

というのも、**私たちは高いものは丁寧に選びますが、価格が安いものは適当に選んでしまいがちだからです**。どんなにユニクロの商品が優れていたとしても、何度もお伝えしているように、選ぶべきなのは2割以下のアイテムです。安いからこそアイテム選びは慎重にならなくてはいけません。

特に、ファストファッションの場合、「試着せずに買う人」があまりに多すぎます。安いからこそ、**サイズが体に合っていないときには、より野暮ったくダサく見えてしまいます**。セレクトショップで買い物をするのであれば、質のよさも相まって大失敗はしにくいですが、ファストファッションブランドの場合は違います。

価格帯が安いからこそ、真剣に丁寧に選ぶということをしっかりと理解しておいてください。「とりあえず買っとく」ということはしない。これがファストファッションでの買い物の絶対的なルールです。

また、試着の際には、**「見慣れるまで我慢する」**ということを覚えておいてください。最初は違和感があっても、3分経てば目が慣れてくるものです。この3分間の壁を越えながら、新しい価値観を拓《ひら》いていきましょう。

「ウェブ」をフル活用してイメージを固める

今、ほとんどのブランドで、自社のウェブサイト内でアイテムや着こなしの紹介をしています。これを活用しない手はありません。

というのも、いくら服を選ぶポイントを紹介しても、実際にお店に行くと、やはりお店側が売りたいものがメインに置かれているので、目的を見失ってしまうからです。

なので、いきなり服を買いに行くのではなく、**ウェブで目星を付けてから買いに行く習**

慣をつけましょう。

中でも特に優れたウェブサイトを持っているのがユニクロです。ユニクロの「**スタイリングブック**」というページはとても参考になります。雑誌のコーディネートと比べると、非常に現実的であり、すぐにマネして取り入れることができます。

また、本書で紹介するアイテムはどれもベーシックなものが多いため、違和感なく取り入れられるものも多いはずです。それでも、これまで着たことのないものには少なからず抵抗感を覚えるのが自然です。いきなり店舗に行って試着するよりも、まずはネットでリサーチしながら「目を慣らしておく」ことが大切です。

さて、ここで気をつけたいのが「ネット通販」です。

基本となるアイテムを集める場合はサイズ感がとても重要になるため、通販で買うのではなく、必ず実店舗で買うようにしましょう。いくらコンテンツが充実していても、やはり実物を見ずに買うのは難しいからです。

僕自身、通販で買い物をするのは好きなのですが、失敗することも少なくありません。ファッションに興味を持ちはじめた当初は、なおさら実店舗で買い物することを徹底してください。

「ユニクロ以外」のファストファッション活用術

ここまで、ユニクロを中心に話をしてきましたが、ユニクロ以外のファストファッションブランドがイマイチなのかというと、もちろんそんなことはありません。年代・性別によって、どこのファストファッションブランドがおすすめなのかは大きく異なります。

バッグや靴などの小物に関してはユニクロよりも「GU」のほうがおすすめです。値段も2000円台で比較的優れたものが手に入ります。どれもデザインはオーソドックスなので、遠目から見れば品質の違いはほとんどわからないはずです。

GUといえば一般的に、「ユニクロの廉価版」というイメージがあるかと思いますが、ここ数年のGUはトレンド性の高いアイテムが多く、小物も充実しているので、ユニクロと併せて使うことをおすすめします。

たとえば、最近だと「開襟《かいきん》シャツ（オープンカラーシャツ）」がトレンドになっていますが、このような流行アイテムは、GUの価格帯でまずは試してみて、気に入ったら次はちょっと価格帯を上げてセレクトショップで買ってみるなど、「**最初の一歩として使う**」という位置づけがよいでしょう。

また、**同じくファストファッションブランドである「ZARA」も小物を揃えるために使うことをおすすめします**。ベースの服はやや色気があるものが多く、大人の男性には少しハードルの高さを感じますが、シンプルな白のレザースニーカーやサンダルなどの靴類は、ユニクロやGUにはない魅力を持っています。また、ストールやマフラーなどのアクセントもシンプルで使い勝手のよいものが揃っているため、部分的に取り入れてみるのもいいでしょう。

このようにそれぞれのブランドの特色をざっくりと理解しておきながら、次の章からは具体的なアイテム選びを紹介していきたいと思います。

Column

服選びは「捨てること」からはじめる

あたらしい服を買う前にまずやるべきことは、「自分が持っている服を見直す」ということです。

今のファッションがしっくりこないとき、問題なのはコーディネートではありません。**「持っているアイテム自体がイマイチだ」**というのが一番の原因です。それらの服を捨てられない限り、あなたのファッションはいつまで経っても変わることはありません。

たとえば、「白のボタンダウンシャツを揃えましょう」とアドバイスしたときに、「あ、それなら持っています」と答える人がいます。

定番アイテムならなんでもいいかというと、そういうわけではありません。服は着続けるとくたびれてきますし、数年前のものだとデザインが古臭く感じられてきます。服にも流行があり、オーソドックスなものでも数年経てば古く感じられるものなのです。

そのため、僕はみなさんに**「服は2〜3年で入れ替えてください」**とお願いしています。そうすることで一定の清潔感を保ちつつ、時代の流れにもある程度対応することができるからです。そう考えると、どんなに高いシャツを買ったとしても、結局は3年を目処《めど》に入れ替えが必要になるので、無理のない範囲で服を買い揃えることが大切です。

昔であれば、高いものと安いものを比べたらその差が明らかだったので、高い服を長く着ることにもそれなりの価値がありました。

しかし、ここまでお伝えしたように、現在ではその差はどんどん縮まっています。高いものを長く着るよりも、無理のない範囲で服を定期的に買い替えて、着こなしをリフレッシュさせたほうが、断然おしゃれに見えやすいのです。

特に男性は、「一張羅《いっちょうら》」という言葉が好きです。人によっては、父親からの一張羅のお下がりを長く着続けている方もいます。おしゃれ上級者がヴィンテージアイテムを扱うのであればまだしも、おしゃれが得意でない人がそれをしてしまうと非常に危険です。

たとえば、スーツというのは一見どれも同じように見えるかもしれませんが、時代によって小さなモデルチェンジを積み重ねています。一昔前のものはどこか野暮ったく見えてしまうのもこのような理由があります。

カッコいい・カッコ悪いというのは、主観的な話でなかなか説明が難しいことです。女性であれば、テレビを見たり、雑誌を読んでいるだけで時代の空気感をなんとなく読み取ることができます。一方で男性はそういった感覚に乏《とぼ》しいので、やはり普段から意識的にクローゼットの中を循環させることを意識してほしいと思います。基準は「3年」です。

また、1週間で着回すのに必要な「服の量」を、具体的に書き出してみるのも大事です。土日しか私服を着ないのであれば、「**シャツ2枚、ボトムス2本、ジャケット1枚、ニット2枚、アウター2枚、靴2足、バッグ1個**」くらいあれば、休日は回せてしまいます。これだけの量でもコーディネートを何パターンも作ることができます。

このようにあらかじめ持っておくべき服の数を明確にすると、逆算して今買わなくてはいけないアイテムがわかりますし、捨てるべき服もハッキリします。

まずは思い切って全身のアイテムを買い直したほうが断然おしゃれに見えるようになります。**一点集中ではなく、全身のアイテムを一通り揃えて最適化する**。そこから徐々にファッションに対して興味が深まってきたら、次からは背伸びをして上質なアイテムを1つずつ買い揃えていきましょう。

第2章

「アイテム選び」で70点のベースを整える

ユニクロで揃える！
大人の男のベーシックアイテム

基本となる「パーツ」を集める

「おしゃれに見せるために、もっとも大切なことは何でしょう？」

このような質問を僕のお客さんにしてみると、「やっぱりコーディネートですよね？」と答える人がたくさんいます。

しかし、**実はコーディネートはさほど重要ではありません**。

どんなにセンスがよくても、コーディネートだけで素敵に見せるというのはとても難しいことです。アイテムの個性が強すぎたり、そもそものデザインがイマイチだったりすると、スタイリストの僕であってもなかなか上手に使いこなすことはできません。

つまり、コーディネートを構成する「パーツ選び」の段階で失敗してしまうと、それをどのように組み合わせても素敵なファッションになりにくいわけです。

逆に、**パーツ選びさえ間違えなければ、仮にそれらを適当に合わせたとしても、そこまで違和感のあるコーディネートにはなりません。**

ですから、まず優先すべきなのは間違いのないパーツ選びをすることです。本章では、着こなしの基本となる具体的なパーツ選びについてお伝えしていきます。

個性的な服をスルーする

これから紹介するパーツには共通点があります。

まず、「見ていて違和感がないこと」です。**つまり、「普通」であることが重要です。**大人の男性が日常生活で素敵に見せるためには、ファッションで奇《き》をてらう必要は一切ありませんし、華美に目立つ必要もありません。

普通のものを、バランスよく着こなすだけで十分です。つい、個性的なアイテムだったり、ひとくせあるものに私たちの目はいきがちですが、そういったものをスルーする力をつけましょう。

ここで紹介するアイテムは、メンズファッションにおける定番的なものばかりです。短期的な流行ではなく、長年の積み重ねで定着してきたアイテムです。これからもこれらのアイテムの多くは残り続けますし、定番であり続けるはずです。

ただし、ファッションには緩《ゆる》やかな流行があり、数年かけて小さな変化を遂《と》げていきます。**一度揃えたら5年以上使い続けるのではなく、定番であっても定期的な入れ替えは必要です**。これから紹介するアイテムをすでに持っていても、買ってから3年以上経っている場合は潔《いさぎよ》く入れ替えを検討しましょう。

古いブランド物より新しいユニクロ

ここからは、「シャツ」や「ジャケット」など、いつの時代にも変わらないベーシックなアイテムを紹介していくのですが、それはまさにユニクロの得意分野でもあります。ユニクロは私たちにとって、もっとも身近なショップであり、誰もが気軽に使いやすい日本を代表するブランドです。それだけに、ユニクロに特化して「何を買うのか」を考えるのが、おしゃれの第一歩として一番の近道なのです。

ただ、注意が必要です。何度も触れているように、ベーシックな服はいつの時代にも通用する定番アイテムですが、5年以上前に買った服を着続けても、決しておしゃれには見えません。

たとえ、それが高いブランドものであっても、**くたびれたものを何年も着続けるよりも、ユニクロの新しいものを2～3年で入れ替えるほうが、実はおしゃれに見えるのです。**

ただ、これまでにも述べてきたように、「選び方」が肝心です。

一点一点の個性が強くなく、単品で見ると「ちょっと退屈」に見えるくらいのアイテムが実はちょうどいいのです。

それでは、写真を添えながら、具体的なアイテムを紹介していきましょう。

1 「シャツ」を整える

「ビジネス用シャツ」とは違う着こなしを

上半身に位置するアイテムは、もっとも目に留まりやすいものです。代表的なのが、「シャツ（襟付き）」と「Tシャツ」です。この2つだと、シャツのほうが断然大人っぽく、こぎれいに見えるので優先度が高いです。

大人の男性のファッションは、清潔に見えることが大切です。そう考えると、Tシャツは体のラインがそのまま露《あら》わになるため、どうしても清潔に見えにくいものです。特に30歳を超えると、体型も崩れはじめるので、Tシャツ姿が様《さま》になるということはなかなか難しくなります。

一方でシャツには素材自体にハリがあり、襟も付いているため、上品に見えやすい特徴があります。**大人の男性こそ、オフにも積極的に襟付きのシャツを使いましょう。**

ただ、シャツというのはビジネスの場面で使われることの多いアイテムです。そのため、カジュアルで用いる際には、「多少の着崩し」が必要です。ボトムス（ズボン）に「イン」するのではなく、外に出して着ることで着崩すことを意識しましょう。適度にカジュアルな雰囲気が漂うようになります。

サイズは「タイトめ」、丈の長さに要注意

もう一つ重要なのが、「サイズ感」です。

ここ数年は細身のシャツが定番でしたが、その揺り戻しでゆったりめのシルエットのシャツも最近では増えてきています。

ただ、大人の男性が無理をしてまで取り入れるべきトレンドではありません。これまでどおり、**体に合ったジャストサイズのシャツを選ぶようにしてください。**着たときに両脇を軽くつまめるくらいが理想的です。

そして、もっとも見落としがちなのが、「丈の長さ」です。

先ほどお伝えしたように、カジュアル用のシャツはボトムスの外に出して着ることが多くなります。そのため、丈が長すぎるシャツはバランスが悪くなるので絶対にNGです。

みなさんが普段着ているビジネス用のシャツは、お尻が隠れるくらいの丈の長さになっていると思います。これはボトムスにインをして着ることを想定して作られているため、この長さに設計されています。

一方、外出しで着る際のベストな着丈は、「お尻の中間位置」を目安にしてください。

それよりも長い場合は着丈を少し詰めるようにしましょう。

よい例。前だけではなく、後ろからもチェックする

ダメな例。この場合はボトムスにインする

たとえばユニクロでは、「マイユニクロ」というお直しサービスを行っています。ボトムスの裾上げはもちろん、シャツの着丈や袖丈も調整することができます。シャツはシンプルなアイテムなので、着丈のバランスにはこだわるようにしましょう。

揃えるシャツはこの3つ！

1枚目に揃えるべきなのは、シンプルな**「白のボタンダウン（BD）シャツ」**です。いつの時代にも流行に左右されない、もっともオーソドックスなシャツです。

2枚目に揃えたいのが**「デニムシャツ」**です。シャツはビジネスライクなアイテムですが、素材がデニムに変わるだけで、一気にカジュアルな雰囲気が増します。

最後に揃えておきたいのが、夏場に活躍する**「リネンシャツ（麻）」**です。夏はついTシャツを1枚で着がちなのですが、かなりカジュアルな印象になりすぎてしまいます。適度にきれいさの漂うアイテムを取り入れると、グッと大人っぽく見えます。

それでは、順番に1つずつ見ていきましょう。

白シャツは
1年中使える
男の必須アイテム!

オックスフォードスリムフィットシャツ(ユニクロ)

ユニクロには白のボタンダウンシャツが二種類ありますが、右の「オックスフォードスリムフィットシャツ」がおすすめです。シンプルなデザインなので退屈に見えますが、さまざまな着こなしの下地になるアイテムです。オーソドックスで特徴がないだけに、サイズ感はムダなゆとりを省き、シャープに着こなしましょう。

襟の形状は、「ボタンダウン」という、襟の先をボタンで固定したデザインになっています。こちらは外さないで着てください。また、第一ボタンは基本的に開けて着ましょう。

先ほどもお伝えしたように、オフ用のシャツをインして着てしまうと、どうしてもビジネスライクな印象になり、おじさんっぽく見えます。外出しで着てください。シャツだからといって肩肘張らず、腕を軽くまくって気軽に着るようにしましょう。

着るときのワンポイント！

白シャツにブルージーンズを合わせるだけでも十分におしゃれです。白シャツの上に丸首ニットを重ね着したり、シンプルに紺のジャケットを上に羽織るのもおすすめです。もし上にジャケットを羽織る際も、シャツは外出しでラフに着こなすとよいでしょう。

1「シャツ」を整える

濃い色のトップスとしてデニム生地が重宝！

デニムシャツ（ユニクロ）

デニムシャツは、カジュアルな場面に大活躍する便利なアイテムです。

先ほどの白シャツと対極にある濃い色なので、2つを使い分けると大きく印象を変えることができます。詳しくは175ページで解説しますが、上半身と下半身では色のコントラストを強めたほうがおしゃれに見えます。なので、濃い色と明るい色をそれぞれ揃えておくと、着回しが非常にラクになります。

ユニクロのデニムシャツには、濃度によるカラーバリエーションがいくつかあります。薄めのものよりは濃いめのほうが、着こなしがクリーンにまとまります。洗濯すると少しずつ色が落ちるので、そういった意味でも濃いめのものを選んでおくとよいでしょう。

着るときのワンポイント!

デニムシャツにグレーのパンツを合わせれば、大人っぽい着こなしが完成します。一方でホワイトジーンズを合わせればコントラストの効いたおしゃれ感が漂います。上にネイビージャケットを羽織って、同色系でまとめるのも素敵です。一方、デニムシャツにブルージーンズという、上下での同素材の組み合わせは避けましょう。

夏に大活躍！
リネン素材で
大人なリラックス感を

リネンシャツ（ユニクロ）

夏場は身につけるアイテム数が少ないので、1つ1つの印象が強くなります。安易にTシャツだけに逃げず、爽《さわ》やかなリネンシャツを着こなすようにしましょう。

リネンはシワになりやすいのですが、そのシワ感がかえって夏らしいリラックスした雰囲気を漂わせます。ですから、シワがあってもOKですし、洗濯して多少クタッとしていても大丈夫です。

また、夏場は半袖を着がちでしょうが、長袖を腕まくりして着たほうが断然大人っぽく見えます。色は爽やかな、ブルーとホワイトで構成されたストライプ、もしくは体が引き締まって見えるネイビーを選ぶとよいでしょう。

着るときのワンポイント！

夏場はリネンシャツにショートパンツを合わせてカジュアルにまとめましょう。ストライプ柄のシャツにはネイビー無地のショートパンツ、ネイビー無地のシャツには白で無地のショートパンツがよく合います。第一ボタン以外は留めて、きれいめに着こなすのもいいですし、下にボーダーTシャツを着て、ボタン全開で着るのもおすすめです。

2 「ボトムス」を整える

「脚長効果」を取り入れる

基本的に人の視線は上半身に向かうため、ボトムスは目立ちにくいアイテムの1つと言えます。そのぶん、多くの人が手を抜きがちな部分なので、ここをしっかり整えておくことで大きな差がつきます。

ボトムスはシルエット次第で脚が長く見えたり、逆に野暮ったく見えたりするものです。おしゃれな人ほど、**「ファッションはボトムスで決まる」**ということをよく理解しています。

適当に選ぶのではなく、しっかりとポイントを押さえておきましょう。

「ピチピチ感」は絶対にNG

まずはサイズ感ですが、ピチピチにならない程度の適度なフィット感を目指します。ここ数年ボトムスのトレンドになっているのが「**テーパード型**」と呼ばれるものです。ももまわりに適度なゆとりがありつつ、膝下から細くなっていくシルエットが特徴です。ムダなゆとりが省かれていて、スタイルよく見えます。トレンド的な要素がありますが、今ではすっかり定番化されていますので、今後しばらくはこの流れが続くでしょう。

ユニクロのジーンズにもさまざまなバリエーションがありますが、**普通の体型からぽっちゃり体型であれば「スリムフィット」を、やせ型の人であれば「スキニーフィット」を選びましょう。**「レギュラーフィット」だとムダなゆとりが出てしまい、シャープな雰囲気が出せません。ぽっちゃり体型であっても、「スリムフィット」から試しましょう。

ポイントは、「ピチピチにならない程度の細さ」です。ボトムスは細身のほうがスタイルよく見えますが、**ピチピチすぎると女性からの印象がよくありません。**自分の足の太さに合ったフィット感を意識しましょう。

「くるぶし」を見せるのがポイント

次に、丈の長さですが、裾部分のクッションをあまり大きく作らないことがポイントです。**裾上げの際には、靴を履いたときに軽く1回クッションするくらいの長さに仕上げましょう。**詳しくは第3章で解説しますが、裾を軽くロールアップするのもおすすめです。くるぶしが少し見えることで、こなれた雰囲気が漂うようになります。

男性の大人がよく穿《は》いているのが、ベージュのチノパンです。これは意外に使いこなすのが難しいアイテムです。おじさんのイメージが強く、どうしても野暮ったく感じられてしまいます。ボトムスで明るさを足すのであれば、**中途半端なベージュに逃げずに、思い切って「白」を取り入れる**と一気に印象が変わります。

揃えるボトムスはこの4つ！

1枚目に揃えたいのが、定番の「**ブルージーンズ**」です。最近のジーンズはストレッチが効いていて、着心地も断然よくなっています。20〜30代に限らず、40代以上の人にもあらためてトライしていただきたいアイテムです。

2枚目に揃えたいのが、最近のユニクロの中で特におすすめしたい「**アンクルパンツ**」というシリーズです。アンクルパンツはあらかじめ丈が短めに設定されているため、手軽にくるぶしを見せるスタイルが取り入れられます。

3枚目が、「**ホワイトジーンズ**」です。ハードルの高さを感じるアイテムこそ、マンネリ化したファッションに大きな変化をもたらす最適のアイテムだと言えます。

最後に紹介するのは「**ショートパンツ**」です。足を見せることに抵抗があり、敬遠している人も多いと思いますが、選び方次第で大人っぽく着こなすことができます。どうしてもすね毛が気になる場合は、GATSBY（ギャツビー）のボディヘアトリマーを使って、毛量を調節することをおすすめします。

以上、4つのアイテムを順番に見ていきましょう。

色落ちしすぎはNG!
手ごろな価格で
質のいいジーンズを

ブルージーンズ（ユニクロ）

ジーンズにも緩やかな流行があり、数年前のものになると、どこか古臭さが漂います。「古いほうがヴィンテージ感が出る」という淡《あわ》い期待は捨てて、定期的に新調してください。

ジーンズ選びで重要になるのが、「色」です。あまり色落ちしていない深めのブルーから、しっかりと色落ちした淡いブルーまで幅広くあります。

大人の男性に似合うのは、右の写真のように、全体的に程よく色落ちしたジーンズです。濃い色の中に若干の色落ちを感じるくらいがベストです。適度にカジュアル感が漂いながらも、ラフになりすぎません。あるいは、ほとんど色落ちのしていない濃い色のジーンズもクリーンな印象にまとまるのでおすすめです。

一方で、色落ちしすぎたジーンズはNGです。どうしてもカジュアルに見えすぎてしまい、清潔感が出ません。

穿くときのワンポイント!

カジュアルなボトムスなので、柄物のTシャツやパーカなどのカジュアルすぎるアイテムと合わせると、一気に子どもっぽくなります。ジャケットやチェスターコート、またはニットなどのきれいめなアイテムと組み合わせてください。

センタープレス効果で大人っぽく着こなせる!

アンクルパンツ グレー(ユニクロ)

ユニクロの「アンクルパンツ」の中でも特におすすめなのが、グレーのウールライク素材のものです。グレーのパンツといえばビジネスシーンでよく用いられるアイテムですが、あえてカジュアル着に落とし込んで使うと、一気にこぎれいな雰囲気が漂います。

ちなみにウールライクというのは、「ウールのような見た目」ということで、実際にウールを使っているわけではありません。そのため、生地にストレッチが効いていて、通常のウールスラックスと比べて、はるかに穿きやすいのが特徴です。

通常のスラックスのように、センタープレスがしっかりと効いているため、着こなしが上品にまとまります。見た目はきれいめなスラックスでありながらも、丈の長さは短めというのが休日着に取り入れやすい最大の特徴です。

穿くときのワンポイント！

きれいめなアイテムなので、ジャケットや白シャツなどに合わせると私服としては堅苦しいです。あえてTシャツに合わせて、カジュアルな要素を足すとよいでしょう。また、ダウンやナイロンジャケットなどのスポーティーなアイテムとも相性がよいです。靴もローファーよりもスニーカーのほうが着崩せるのでおすすめです。

穿かないのは絶対に損！キザさに注意して白にチャレンジ

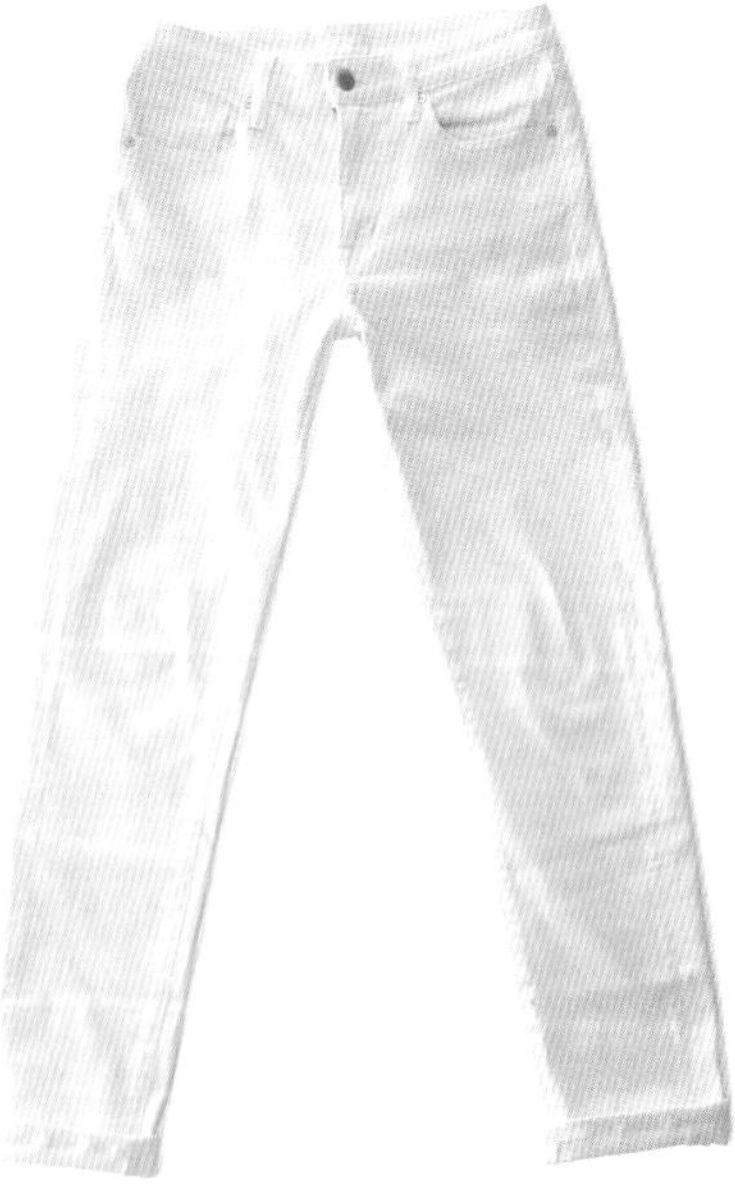

ホワイトジーンズ（ユニクロ）

「白パンなんて絶対穿けない！」と思った人もたくさんいるでしょう。その反応は当然で、今まで経験したことのないものに抵抗感を覚えるというのは、ごく自然なことです。

一見、派手に見えるホワイトジーンズですが、意外にもコーディネートのしやすさが最大の特徴です。大人の男性の基本色である、ネイビー、グレー、ベージュ、ブラックとも相性がよいので、手持ちの衣服に溶け込みやすいのです。

ただ、ホワイトジーンズには一定のキザさも漂うため、サイズ感には注意が必要です。ピチピチにならないサイズ選びを心がけてください。裾も軽くロールアップして、ラフな雰囲気を取り入れると、キザな印象が抑えられます。

汚れやすいアイテムなので、ユニクロの価格帯で気兼ねなく買い、どんどん穿き倒すのが一番です。シルエットもきれいなので、高級なジーンズと比べてもさほど大きな違いは感じられません。

穿くときのワンポイント！

ブルージーンズに比べるときれいめな要素が強いため、着こなし全体を爽やかに見せることができます。デニムシャツや無地のネイビーTシャツと合わせるとよいでしょう。ブロックテックパーカやダウンのようなスポーティーなアイテムと組み合わせるのも新鮮です。

子どもっぽさのない短パンを穿きこなそう！

ショートパンツ（ユニクロ）

ユニクロにはベーシックで使いやすいショートパンツがしっかり揃っています。セレクトショップのオリジナルと比べても、遜色《そんしょく》のない仕上がりになっています。

ここ数年は、膝上までの丈の長さが定番となっています。七分丈のような中途半端な長さは、かえって野暮ったく感じられるのでNGです。思い切って大胆に足を出しましょう。

目安は膝の中心から3〜4センチほどの短さです。最近のユニクロのショートパンツは大体これくらいのバランスで設計されています。ちなみに、さらに短い丈のショートパンツがトレンドになることもありますが、大人の男性にはさすがに短すぎます。女性の反応もイマイチです。「程よい短め」を意識してください。

色は、ネイビーや白など、ハッキリとした色合いを選ぶと大人っぽさが漂います。

穿くときのワンポイント！

74ページで紹介したリネンシャツと合わせましょう。ショートパンツを大人っぽく見せることができます。旬な半袖ニットやオープンカラーシャツにもよく合います。足元にローファーを合わせてきれいさを足すのもよいでしょう。

3「アウター」を整える

ダウン1枚で冬を乗り切らない

コートやダウンなどのアウターは、秋冬の主役アイテムです。面積も大きいため、全身の中でもっとも目立ちます。

ただ、デザインや色に主張が強すぎると、「またあれ着てるな」という印象が強く残ってしまいます。シンプルで飽きのこないデザインを選びましょう。

意外と多いのが1枚のアウターで秋冬を乗り切ろうとするパターンです。寒くなったらダウンジャケット1着だけで春先まですごす人もいます。

たしかに、アウターは値段も高いですし、かさばるので、たくさんのバリエーションを持ちたくない気持ちはわかります。でも、素敵に見せるためには、季節や気候によっていくつかの物を使い分けることが大切です。

注目したいのが、「素材感」です。ユニクロのアウターにはさまざまな素材のものがありますが、ざっくり分けると、「**ポリエステル・ウール・ナイロン**」の3つに分かれます。それぞれの季節に合わせて素材感を変えるようにしましょう。これを意識するだけで着こなしのバリエーションは広がりますし、おしゃれな印象が漂います。

「スポーツミックス」を取り入れる

また、ここ最近話題となっているのが「**アスレジャー**」と呼ばれる新たなトレンドです。アスレチックとレジャーをかけ合わせた造語ですが、街着にも積極的に「着心地のよさ」を取り入れようという考え方です。他にも「スポーツミックス」という言葉がありますが、そこまで大きな違いはなく、スポーツ着のような機能性の高いアイテムを、普段の着こなしの中に取り入れるファッションが少しずつ定番化してきています。

この流れは、昨日今日に始まったものではなく、以前から存在するものでしたが、ここ数年その流れがより強くなってきています。

こちらでは、こうしたスポーティーなアイテムの取り入れ方にも触れておきたいと思います。

揃えるアウターはこの4つ!

アウターは、雰囲気によって「きれいめのアウター」か「カジュアルなアウター」かに分かれます。この両方を揃えておくことで、着こなしの幅が広がります。

1枚目は、春や秋に活躍する「**ステンカラーコート**」です。ビジネスの場面で使うことの多いコートですが、カジュアルな衣服にもよく馴染みます。デザインは退屈すぎるくらいシンプルで特徴がないのですが、ちょっとした着崩しを取り入れることで、大人っぽく着こなすことができます。

2枚目に揃えたいのが、「**チェスターコート**」です。ここ数年のトレンドアイテムであり、今では定番アイテムと呼べるまで定着してきました。ジャケットの着丈をそのまま縦に長くしたデザインが特徴で、元々ビジネスシーンで用いることの多かったクラシックなコートです。

3枚目からは、カジュアルなアウターです。先ほど紹介した「スポーツミックス」ですが、ユニクロもこの流れを取り入れたアイテムをリリースしています。その中でマストアイテムなのが、「**ブロックテックパーカ**」です。スポーツ着として着る機会の多かったナイロンパーカを街着として使うには、もってこいのアイテムです。

最後の4つ目が、お馴染みの「**ダウンジャケット**」です。ユニクロで大ヒットした定番アイテムが、ウルトラライトダウンです。ただし、このように誰もが着る大定番だと、さすがにおしゃれには感じられません。ユニクロで選んでもらいたいのは、「シームレスダウンパーカ」です。大人の男性にとっての新定番ダウンと言えます。

それでは、順番に説明していきましょう。

きれいめコートは襟を立ててラフに着崩す！

ステンカラーコート（ユニクロ）

ユニクロのステンカラーコートは、ポリエステルで作られています。軽くて丈夫な上に、撥水《はっすい》加工もしてありますのでかなり使いやすい仕上がりになっています。ポリエステルにあまりいいイメージを持っていない人もいますが、見た目が安っぽく感じられることはありません。

色は春先だとベージュ、秋口であればネイビーを選びましょう。色が異なるだけでまったく印象が変わってくるので、一着購入してみて、気に入ったらそれぞれの色を揃えておくとよいでしょう。ベージュという色は、ボトムスに取り入れるとおじさんっぽく見えますが、春先のコートに取り入れると上品な雰囲気にまとまるのでおすすめです。

また、詳しくは第3章でお伝えしますが、軽く後ろ襟を立たせて、カジュアルな雰囲気を強調するとおしゃれに見えるでしょう。

着るときのワンポイント！

ビジネスライクな雰囲気なので、いかに着崩すかが重要です。ブルージーンズやスニーカーなどのカジュアルなアイテムを取り入れましょう。コートの下にはシンプルな丸首のニットを合わせてもいいですし、カジュアルな雰囲気の漂うボーダーカットソーを合わせるのもおすすめです。

3「アウター」を整える

着こなしが一気に上品にまとまる最強の大人コート!

チェスターコート(ユニクロ)

ユニクロのチェスターコートは、非常によくできています。ウールとカシミアをブレンドさせた贅沢な生地を使い、価格を1万円台に抑えています。おそらくユニクロだからこそできることでしょう。

セレクトショップで買うと3万円以上するものも多いため、ぜひ積極的に活用したいところです。

使いやすい色は、なんといってもネイビーです。王道の色を揃えておくと間違いがありません。

ビジネスで使う際には、下にジャケットを羽織れるくらいのゆとりが必要ですが、カジュアルで使う場合には、下には最大でも中肉厚のニットを着るくらいです。なので、できる限り体にフィットしたものを選ぶとよいでしょう。

着るときのワンポイント！

チェスターコートの着こなしは、先ほど紹介したステンカラーコートとほぼ同じです。なるべくカジュアルな雰囲気のアイテムを合わせることで、私服に馴染ませることが大切です。白やグレーの丸首ニットと合わせるのもいいですし、アクセントとなるようなウエスタンシャツを合わせるのもおすすめです。

着心地バツグン!
スポーティーな
アイテムを取り入れる

ブロックテックパーカ(ユニクロ)

先ほどスポーツミックスについて説明しましたが、着心地がよくてスポーティーなアイテムであればなんでも使えるのかというと、そんなことはありません。スポーツの要素を持ちながらも、デザインはシンプルでスタイリッシュであることが必須です。ここが従来のスポーツ着とは大きく異なる点です。スポーツブランドのロゴなどは付いていないほうが、かえって私服と馴染みやすいでしょう。

ユニクロのブロックテックパーカは、ストレッチが効いていて着心地がいいのはもちろん、デザインに一切のムダがなく洗練されています。

色は潔くブラックやネイビーを選び、普段の着こなしの中に積極的に取り入れてみましょう。大人のシンプルな着こなしにも馴染みやすいです。

着るときのワンポイント！

スポーティーなアイテムにこそ、白のボタンダウンシャツやグレーパンツなどのこぎれいなアイテムを合わせましょう。ニットとの相性も抜群です。一方、Tシャツやジョガーパンツなどのスポーティーなアイテムと合わせてしまうと、カジュアルになりすぎてしまいます。

光沢感を抑えて できるだけ シャープにダウンを着る!

シームレスダウンパーカ(ユニクロ)

ユニクロのシームレスダウンパーカは、ダウン特有のステッチ（縫い目）を表に出さないことで、風や水の浸入を防ぐという構造になっています。ムダのないシャープなデザインが最大の魅力です。

本来、ダウンジャケットはモコモコしていて、あまり見栄えがよいものではありません。さらに、ダウン特有の光沢感は安っぽく感じられるのですが、このシームレスダウンパーカは質感もマットで安っぽいてかりがありません。デザインも細身に仕上がっているので、全身の着こなしが野暮ったくなることがないのです。有名ブランドのダウンと比べても、そこまで見劣りしないので、日常的に着るのであればユニクロのもので十分です。

色は、ネイビーやブラックを選ぶと印象が引き締まります。

着るときのワンポイント！

カジュアル度が高いので、きれいめなアイテムと合わせるのが鉄則。白ニットで明るさを足したり、ネイビーやグレーのニットで引き締めましょう。ボトムスもホワイトジーンズやグレーパンツを合わせるとバランスが取れます。一方で、足元までローファーなどを合わせてしまうと堅苦しいので、スニーカーなどでスポーティーさを取り入れましょう。

4「Tシャツ・ポロシャツ」を整える

Tシャツは「重ね着」が基本

66ページの「シャツ」の項目でも述べましたが、同じトップスの中では、Tシャツより襟付きのシャツのほうが断然、大人の男性に似合いやすいです。

それでは、Tシャツが絶対にNGなのかというと、そんなことはありません。選び方と使い方次第で十分活用することができます。

まず、**基本的にTシャツ1枚だけで着るのは避けましょう**。

筋肉質な体で日に焼けた肌であれば、Tシャツ1枚でも様になります。しかし、30〜40代、あるいは50代の男性には、そういった若い頃のような体型をキープするのはなかなか難しいことだと思います。

そこで、「Tシャツは単体で使うものだ」という意識は捨てて、重ね着のベースとして考えてみるようにしましょう。

たとえば、Tシャツの上にニットやジャケットなどのきれいめのアイテムを羽織ってみます。このようにTシャツを重ね着の一部として取り入れれば、大人の男性でも気軽に使うことができます。

「柄物」に要注意

もう一つ気をつけたいのが、「柄」です。

Tシャツの柄選びには、それなりのセンスが必要になります。ユニクロにはUTと呼ばれるプリントTシャツがたくさんありますが、その中から似合うものを選ぶのはスタイリストの僕でも難しいことです。

なので、思い切って「**ユニクロではプリントTシャツを買わない**」と決めてしまうのが、もっともコスパのいい考え方です。

プリントTシャツは買わず、無地のみに絞ることで、大きな失敗をすることなく大人っぽい着こなしを目指すことができます。

揃えるべきTシャツはこれ！

Tシャツの基本的なデザインは、「丸首」と「Vネック」です。どちらが正解というのではなく、時代によって旬のデザインが変わります。

以前は圧倒的にVネックが好まれていましたが、**ここ数年、おしゃれな人は丸首を好んで着る傾向にあります**。

Vネックは胸の開きが大きいと、どうしても色気が強く出すぎてキザっぽく見えてしまいます。自然に見える丸首型のほうが今の時代に合ったデザインと言えるので、それを選ぶようにしましょう。

おじさんに見えないポロシャツはこれ！

夏に活躍するトップスとして揃えておきたいのが、「**ポロシャツ**」です。襟が付いているぶん、Tシャツよりこぎれいに見えるため、「一応、持っている」という人も多いのではないでしょうか。

ただ、ポロシャツは、実は使いこなすのが難しいアイテムです。というのも、「おじさんくさい」「ゴルフ帰りみたい」という一定のイメージがつきまとうため、選び方やコーディネート次第で野暮ったく見えてしまうのです。適当に選ぶのではなく、丁寧に買い揃えることが大切です。

それでは、早速それぞれを見ていきましょう。

大人の男には シンプルで 上質なTシャツを！

スーピマコットンクルーネックTシャツ（ユニクロ）

ユニクロで選ぶべきは、シンプルな丸首のTシャツです。特に、「スーピマコットン」と呼ばれる、コットンの中でも上質な素材を使ったTシャツは、コスパ最強のアイテムです。ユニクロという大企業だからこそ実現可能なのが、スーピマコットンのリーズナブルな価格帯です。

色はオーソドックスなホワイト、ネイビー、グレーの3枚を揃えておくといいでしょう。ブラックはキザに見えすぎてしまうので、濃い目の色はネイビーくらいにとどめておくのがベストです。

重ね着が基本ですが、どうしても単体で使いたい場合には、第3章で紹介する肩がけニットを取り入れることで、アクセントを加えるといいでしょう。

着るときのワンポイント！

重ね着の一部として、上にカーディガンやジャケットなどのきれいめなアイテムを羽織れば、一気に大人っぽい雰囲気に。ブラックのVネックカーディガンにネイビーTシャツを合わせて全体を引き締めたり、ネイビーのジャケットに白Tシャツを合わせて、コントラストを効かせるのもおすすめです。

着こなし方と色選びで脱・おじさんを！

ドライコンフォートシャツカラーポロシャツ 小襟・半袖(ユニクロ)

ユニクロのポロシャツといえば、たくさんのカラーバリエーションを揃えている「ドライカノコポロシャツ」が定番です。ただ、あまりに着用している人が多いため、僕がおすすめしたいのは、「ドライコンフォートシャツカラーポロシャツ」です。

小さめの襟、ボタンが見えない比翼《ひよく》仕立てなど、シンプルながら上品なデザインに仕上がっています。

ポロシャツの裾は、インせずに外出しで着ましょう。

また、基本は第一ボタンを開けて着ますが、あえて全部のボタンを留めて、きれいめに着るのも旬な着こなしです。

ポロシャツは、おじさんっぽくならない色と柄の選択が大切です。ネイビーやブラックなど、深めの単色を選びましょう。鮮やかな色、繊細な色は、それなりに素材にお金がかかっていないとチープな印象になります。

着るときのワンポイント！

ネイビーのポロシャツには爽やかさの漂うホワイトジーンズを合わせて、コントラストをつけましょう。単体で着るのもよいですが、カーディガンやジャケットを羽織るのもおしゃれな着こなしです。重ね着の一部としてポロシャツを捉えてみましょう。

5「ジャケット」を整える

大人になったら「休日ジャケット」を持つ

ジャケットというとビジネスで使う印象が強く、私服に取り入れるという発想がそもそもない人も多いでしょう。しかし、きれいめに見えるアイテムだからこそ、**私服に取り入れることで一気に大人っぽい雰囲気が得られます。**

スーツを着慣れている男性でも、私服になった途端にカジュアルになりすぎてダサいという人は多いです。歳を重ねるごとにカジュアルすぎる服は似合いにくくなるので、どこかに大人っぽい要素を取り入れることが、おしゃれに見せる一番の近道になります。

そんなときに、ジャケットはたった1着で着こなしを上品に格上げしてくれる便利なアイテムです。

ジャケットといってもその形状・素材によってさまざまなものがあります。スーツのようなカチッとしたものもあれば、シャツやニットのようにラフな雰囲気なものもあります。**私服で取り入れるのであれば、後者のリラックス感のあるジャケットがおすすめです。**

最近のユニクロのジャケットはスリムにできていて、さらにストレッチが効いているものが多いので、長く着ていてもストレスを感じません。

季節に大きく左右されないジャージー素材のものを1着揃えるようにしましょう。

ジャケットはこれ一択！

ジャケットで揃えたいのが、「**ネイビーの無地ジャケット**」です。スーツスタイルにおける基本カラーであるネイビーを用いることで、私服にも一定の大人感が漂います。

ネイビーは色合わせがもっともしやすいため、コーディネートを深く考えなくても着こなしがまとまるというのも見逃せないポイントです。

それでは、詳しく見ていきましょう。

5「ジャケット」を整える

堅苦しすぎるのはNG!
着やすいものを
気軽に羽織る

コンフォートジャケット　ネイビー（ユニクロ）

ユニクロの中でおすすめなのが、「コンフォートジャケット」です。スリムでムダのないデザインですが、生地にはストレッチが効いているため、着やすいのが特徴です。

スーツ用のジャケットのポケットにはフラップと呼ばれる「ふた」が付いているのですが、カジュアル用のジャケットはパッチポケットといって、外付けのポケットになっているものが多いです。このポケットの付き方だけでも、適度にカジュアル感が漂います。

さらに右のジャケットは裏地や肩パッドが省かれているため、カーディガンのような感覚でサッと羽織れるのが使いやすいポイントです。

また、素材的にシワにもなりにくいので、バッグの中に気軽に収納もできます。

着るときのワンポイント！

きれいめな印象が強いため、いかに着崩すかが大切。ジャケットの下には、丸首のTシャツやニットなど、シャツ以外のアイテムを合わせてください。もちろんシャツにも合いますが、カジュアル感を出すため、あえて外出しで着てみるようにしましょう。ボトムスはブルージーンズがもっとも相性よく、鉄板コーディネートです。こぎれいに見せたいときはホワイトジーンズ。靴は革靴だと堅苦しいので、レザースニーカーを合わせましょう。

6「ニット」を整える

おしゃれな人ほどよく使うアイテム

おしゃれな人ほど、ニットを着こなしに取り入れるのが上手です。ニットというのはいわゆるセーターのことを指しますが、どのように使えばいいのかわからないという人も多いはずです。

ニットといっても、冬に着る厚手のセーターだけに限りません。厚みやデザインにさまざまなバリエーションがあり、それぞれ使い方が異なります。

まずは簡単に説明しておきましょう。

［その1］　薄手のニット

まずは薄手のニットですが、大きく分けて次の3種類があります。

・Vネック型
・丸首型
・カーディガン型

中でもおすすめは、丸首型とカーディガン型です。

Tシャツと同様に、**ここ数年はVネックより丸首のほうがおしゃれに見えます**。まずはそちらを優先させましょう。

また、前をボタンで留めるカーディガン型は、いつの時代も変わらない定番アイテムです。春先や秋口など、季節の変わり目に重宝します。

［その2］　厚手のニット

中肉厚の丸首のニットは、旬なおしゃれアイテムです。色違いでいくつか揃えておくようにしましょう。

ちなみに、セレクトショップでニットを買うと1万円を超えるものも多いですが、**ユニクロだと5000円以下で上質なニットを買い揃えることができます**。まさにコスパ最強のアイテムだと言えます。

デザインも、今の時代に合った定番的なニットを取り揃えているため、ぜひ積極的に着こなしに取り入れてみてください。

Tシャツのような気軽な感覚でニットを日々の着こなしに取り入れると、それだけで一気におしゃれに気を遣う人というイメージが得られます。

ニットはこの2つを揃える！

1枚目は、ここ数年で一気に定番化した「**丸首のミドルゲージニット**」です。先ほど紹介した中肉厚のニットです。シャツと合わせてもいいですし、Tシャツの上に重ねて着ても素敵です。まさに重ね着の際に重宝する厚みのニットと言えます。単体で見ると、「普通のセーター」といった感じですが、着こなしの中に取り入れると、コーディネートが上品にまとまります。

2枚目が、シンプルな「**カーディガン**」です。昔から存在する大定番のアイテムです。1枚目のミドルゲージのニットに比べると、薄地で目も細かいのが特徴です。Tシャツの上に羽織ってもいいですし、シャツの上に着ても様になります。さらにその上にジャケットを羽織ることもできるので、こちらも重ね着に適したニットです。

それぞれ詳しく見ていきましょう。

おしゃれの大定番！着るだけで上品なシンプルニット

ミドルゲージクルーネックセーター（ユニクロ）

右の写真のようなミドルゲージニットには、編み方によってバリエーションがいろいろあります。中でもおすすめなのが、「リブクルーネックセーター」です。ざっくりとした凹凸感のある編み地のもので、織り方が特徴的なケーブル編みに比べると、縦長効果があり、シャープに見えます。他にも「ワッフルクルーネックセーター」のように、表面に表情のある織りのものもカジュアル使いには適しています。

ユニクロのニットにはさまざまなカラーバリエーションがありますが、おすすめは「ネイビー、グレー、ホワイト」の3色です。すべて用意してもいいほど使い勝手抜群です。ネイビーは着こなし全体が締まりますし、ホワイトは秋冬の暗い色合いに差し色として使えます。グレーはこの中間ですが、ネイビーを中心とした色合いにとても馴染みがいいので、3枚目としておすすめです。

着るときのワンポイント！

ニットの下には丸首の無地Tシャツを合わせて、首元をすっきりと見せましょう。ボタンダウンシャツの上に重ねて、シャツ襟を見せるのもおしゃれです。白の丸首ニットにはブルージーンズ、ネイビーのニットにはホワイトジーンズを合わせると、メリハリが効いておしゃれに見えます。

薄手のカーディガンは1年中使えるコスパ最強アイテム!

エクストラファインメリノ Vネックカーディガン(ユニクロ)

ユニクロでは、エクストラファインメリノを使ったVネックカーディガンが定番商品です。

3万円ほどする高級ニットブランドのものと比べても、デザインやシルエット、質感もさほど大きな差は感じられません。ユニクロのカーディガンで十分に満足できます。まさにコスパ最強のニットと呼べるでしょう。

「ジャケットだとちょっと堅苦しいかな」というときには、Vネックカーディガンを軽く羽織ると、ちょうどいい大人っぽさが出せます。季節の変わり目にちょっとしたアウター感覚で用いるのがいいでしょう。

色はネイビーかブラックを選び、シャープに着こなすのがおすすめです。

着るときのワンポイント！

ネイビーのカーディガンには、無地の丸首Tシャツが相性抜群です。アクセントとして活躍するボーダーTシャツの上に羽織るのもOKです。腕は軽くたくしあげて、ラフな雰囲気を出しましょう。どんなボトムスに合わせても相性がよいので、組み合わせに迷いません。ボタンを留めた状態のカーディガンをTシャツや白シャツの上に肩がけするのもおすすめです。

7「ソックス・インナー」を整える

「見えない部分」にも気を配る

ここまで、着こなしのメインとなる「定番アイテム」について紹介してきました。本章の最後に、ユニクロを最大限使い倒すために、「消耗品」について解説したいと思います。

おしゃれ上級者の中にも、「服にはしっかりと投資をするけど、下着や靴下はユニクロで買う」という人が少なくありません。**あまり目立たない服飾小物も、ユニクロの得意分野です。**

ただし、どれでもいいというわけではなく、選ぶべきものは限られていますので、ちゃんとポイントを理解しておきましょう。

【その1】　ソックス

まずは靴下についてです。仕事着と私服で、同じソックスを使い回している男性がとても多くいます。すべてブラックのものを買って、それだけで乗り切ろうとするのはNGです。**オンとオフは別々に用意して、必ず使い分けるようにしましょう。**

私服用として持っておきたいのは、「**ベリーショートソックス**」です。春先から夏にかけての着こなしにおいてマストなアイテムです。

ジーンズのロールアップなど、くるぶしを見せる着こなしでは、中途半端に靴下がのぞくのは、かえって統一感を損ねます。足首まで隠れるタイプのショートソックスではなく、ベリー

グレーやネイビーはどんなボトムスにも馴染む

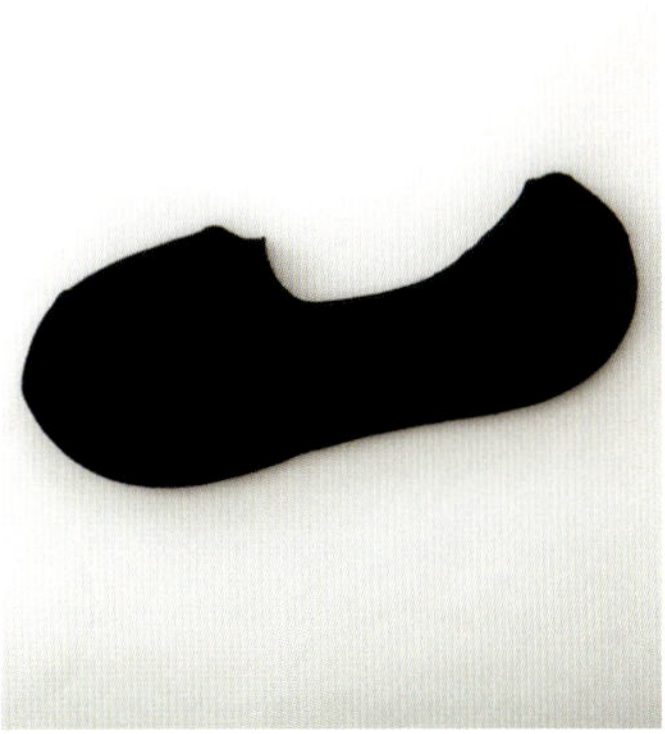

すべて黒で統一してまとめ買いするのがおすすめ

ショートを選び、「とことん見せない」というのが正解です。足元が軽快にまとまります。もう一つ、秋冬には長さのある靴下を選びましょう。中途半端にスネが見えないように、しっかり長さのある靴下でカバーします。

おすすめは、「**50色ソックス**」というシリーズです。くるぶしから見える靴下が単色の黒だと重たすぎるので、ネイビーかグレーベースのもので色に混じりのある「杢《もく》カラー」を選ぶといいでしょう。視覚的に変化が出せるので、程よくおしゃれに見えます。

グレーやネイビーベースのものを選べば、ボトムスやシューズの色にかかわらず着こなしによく馴染みます。

【その2】インナー

続いて、インナーです。主にカジュアルシャツの下に着ることが前提なので、「見えないこと」がとても大切です。シャツの第一ボタンを開けたとき、下に着ているインナーが見えてしまうのは、詰めの甘さを感じさせます。必ず見えないように注意してください。

縫い目を省いたデザインなので、着こなしを邪魔しない

おすすめは、「**エアリズムシームレス**」と呼ばれる、Vネック型のインナーです。深めのVネックになっているので、シャツの隙間からインナーが見えません。縫い目のない仕上がりになっているので、上にシャツやポロシャツを着ても表面に凹凸が出ず、インナーの存在がほとんど感じられません。汗をかいてもすぐに乾いて消臭効果もあるので、機能性の高さも大きな魅力の1つです。

色は、「ベージュ」を選ぶと肌によく馴染むため、もっとも目立ちにくいです。ただ、単体で見るとおじさんっぽく見えて抵抗感があるかもしれません。その場合は、「ライトグレー」をおすすめします。白や黒を選ぶと意外と透《す》けてしまうので注意しましょう。

＊

以上、定番アイテムを紹介してきました。本章のアイテムはすべてユニクロで手に入ります。これらのベースが揃うだけで、今の時代に合った70点ファッションが素早く実現できます。

次の章では、ベーシックな服の弱点である「退屈さ」をなくすポイントを紹介します。

Column

セールとアウトレットから距離を置く

「本日から50%オフ！」

私たちはこのような宣伝文句にとても弱いです。つい、安いものに飛びつきたくなる気持ちはよくわかりますが、セールやアウトレットは注意しなくてはいけません。

その理由は、安さばかりに気がとられてしまい、冷静な判断ができなくなってしまうからです。本当ならば、「定価でもその商品を買うのか？」をしっかり考えなくてはいけないのですが、なかなか頭ではわかっていても、安さは魅力に思えてしまうものです。

だから、「**バーゲンやアウトレットには一切行かない！**」と決めてしまいましょう。

そもそも大人の男性に必要な服の数は限られています。週に2回の休日しか着ないのであれば、そんなに量は必要ないはずです。「不用意に服を増やさない」ということも併せて意識しましょう。服が増えれば増えるほど、日々の着こなしを考えるのが面倒になり、おしゃれが面倒になってきます。だからこそ、60ページで述べたように一度クローゼットの中に何を揃えておくべきなのか、真剣に考えてみるのもおすすめです。

本書で取り上げているユニクロも、休日になると店頭の目立つ場所に割引商品が並びます。おそらく魅力的に見えるはずです。

しかし、これも思い切ってスルーしてください。お店が売りたい服と、私たちが揃えるべき服は違います。本章で紹介した「定番アイテム」を淡々と買い揃えていくことに集中してください。**どんなに安く買おうとも、結局着なかったら高くついてしまいます。**「安いからとりあえず買っておこう」という判断こそ、実はお店側の思うつぼだということを理解しておきましょう。

同様に、アウトレットにも注意が必要です。僕もたまにアウトレットに行きますが、どれも驚くほどの値下げ率で、とても魅力的に思えてしまいます。僕のお客さんでも、休日にアウトレットでまとめて服を買ってくるという話をよく聞きます。けれど、そのアイテムを見てみると、残念ながら素敵なものはほとんどありません。

アウトレットには、セールでの売れ残り商品が多く並んでいます。その中から大人の男性に似合うオーソドックスな服を見つけるというのは非常に難易度が高いことです。僕自身、アウトレットで自分用の服を買ったことはほとんどありません。それくらいアウトレットで服を選ぶというのは難しいことなのです。

どんなに値下げされた服でも、端から見ればそんな情報はまったくわかりません。全体を見て素敵かどうか。それしか相手には伝わらないのです。**どんなに安く手に入れた服でも、素敵に見えなければただの自己満足でしかありません。**

これからおしゃれを磨きたいと考えているみなさんは、まずはセールやアウトレットからは距離を置き、わき目を振らずに定価で定番アイテムを買い揃えましょう。

いかに安くすませるかより、いかにクローゼットの中を効率的にするかに力を注ぐべきです。着ない服が1着もかかっていない、ムダを省いたクローゼットを目指してください。そう考えると、ユニクロであっても真剣に服を選ぶようになるはずです。

第3章

「アクセント」を取り入れて80点以上を目指す

アクセントで「普通すぎ」を脱する

70点おしゃれはあくまで「フツー」

ここまで、「ファッションで大切なことはコーディネートではなく、パーツ選びだ」ということをお伝えしてきました。

そして、着こなしのベースになる定番アイテムを第2章で紹介しました。するとここで、1つの問題点が出てきます。定番アイテムは着こなしの中に違和感なく馴染むのですが、その一方で、**「あまりにフツーすぎる」**という問題です。

つまり、無難すぎておしゃれさがなかなか伝わりにくくなるのです。

私たちは、普通すぎるアイテムよりも、他のものとの「違い」を見つけたときに、「おしゃれだな」と感じるものです。定番アイテムは、そのような「違い」を徹底的に排除しているので、わかる人にはわかるけれど、多くの人はそのよさになかなか気づきません。

視覚的な「引っかかり」を作ろう

そこで大切になるのが、本章のテーマの「アクセント」です。

左の2つの写真を比べてみてください。定番アイテムの中に、視覚的な引っかかりを作ることで、「あの人、おしゃれだな」と多くの人に気づいてもらえるようになります。

70点おしゃれ。シンプルで悪くないが、面白みに欠ける

80点おしゃれ。ラフに着ることでこなれた雰囲気が漂う

まずは定番アイテムを使って着こなしの土台を作る。その次にアクセントを加えながら全体の見え方を調整する。

これが、おしゃれの正しい順番です。

しかし、土台がしっかりしていないうちにアクセントを多用してしまうと、バランスの悪いコーディネートになってしまいます。

そして、それこそが多くの人が陥ってしまう失敗ファッションの例なのです。

「やりすぎ」ではなく「2〜3割」

それでは、具体的にアクセントとはどのようなものなのでしょうか。

アクセントには、「**着崩し**」「**色と柄**」「**小物**」「**クセのあるアイテム**」「**トレンドアイテム**」の5つの種類があります。

このような要素を着こなしの中に取り入れることで、普通すぎる見た目に視覚的な引っかかりが生まれます。

どうせおしゃれをするのであれば、自己満足のファッションではなく、人から「おしゃれだね」と気づいてもらえるほうが嬉しいですよね。

そのための大事なステップなので、1つずつ丁寧に学んでいきましょう。

ちなみに、アクセントを取り入れる際には「分量」を意識することが大切です。

全身にアクセントをふんだんに取り入れてしまうと、1つずつの要素がアクセントとして機能しません。

つまり、「やりすぎ」はNGなのです。

定番アイテムで揃えた「70点ファッション」に、2〜3割のアクセントを加える。こうして初めて引っかかりが活きてくるのです。

あくまで、「さりげなく」取り入れるのが重要です。

普通すぎる着こなしに、最後に調味料で味を調整するような感覚でアクセントを取り入れましょう。そうするだけで、誰でも簡単におしゃれに見せることができるのです。

それでは、具体的に1つずつ解説していきましょう。

1「着崩し」を極める

簡単に着崩せる「4つの方法」

まずは、これまで揃えてきたアイテムを活かしながらアクセントを生み出す方法です。
それが、「着崩し」です。定番的なアイテムの着方を少し工夫するだけで、見た目に変化を加える方法を、4つ紹介しましょう。

【その1】　シャツの腕まくり

気軽にきれいさを取り入れることができるアイテム、「シャツ」。
シャツは本来、ビジネスシーンで使うことが多いので、私服として活用するには工夫が必要です。

そこで活用したいのが、「腕まくり」です。シャツを1枚で着る場合、シャツの袖ボタンは外し、ざっくりと腕まくりをしてみましょう。二の腕が露出することで、ラフさが加わり、シャツを着崩すことができます。

腕をまくる際、ちょっとしたコツがあります。

まずは大きく1回まくります。次に、その上からさらに1～2回まくります。左の写真のように、**袖部分が軽く跳ねるような見た目に仕上げるのがベストです。**

おしゃれな人をよく観察してみると、このような腕まくりをしている人が多くいることに気づくはずです。ぜひ取り入れてみましょう。

70ページで紹介した「白のボタンダウンシャツ」も、腕まくりを加えるだけで見え方が大きく変わります。これは後ほど説明しますが、露出した腕に時計やシンプルなアクセサリーを添えると、さらに素敵に見えます。

腕を見せる範囲は「肘より手前」がベスト

［その２］　ボトムスのロールアップ

２つ目の着崩しは、「ロールアップ」です。

82ページで紹介したアンクルパンツというのは、最初から9分丈に仕上げてあるため、くるぶしが自然にのぞくバランスになっています。

なぜ、このようなパンツがおすすめなのかというと、ここ数年、ボトムスの丈の長さはすっきりと見せるのがトレンドになっているからです。

裾にたっぷりとゆとりを残すのではなく、少しくるぶしを見せながらラフに着こなすほうが今っぽく見えるため、こうしたパンツが増えてきているのです。

ブルージーンズやホワイトジーンズも同様です。裾にあまり大きなたるみを作るのではなく、**軽く靴の上にクッションができるくらいの「ワンクッション」に仕上げるようにしましょう。**

ロールアップの回数は、1回だと大人っぽく。2回以上だとカジュアルに見える

その上で軽快な雰囲気を出したい場合は、4センチ幅で数回ロールアップして、足首を少しのぞかせます。これだけで、普通のジーンズに「ラフさ」というアクセントを加えることができます。

このとき、ソックスに注意が必要です。ソックスは中途半端に見せるのではなく、春夏なら「ベリーショートソックス」を履いて、なるべく靴下の存在を消すことが大切です。秋冬の場合は、ロールアップしたくるぶしから「50色ソックス」がのぞくとおしゃれに見えます。簡単に取り入れられる着崩しなので、ぜひ試してみましょう。

【その3】コートの襟立て

92ページで、春と秋に活躍するステンカラーコートを紹介しました。これもデザインにあまり特徴がなく、ビジネスライクな雰囲気の漂うアイテムです。

そこで、着こなしに変化を取り入れるのに、「襟立て」を試してみてください。ビジネスライクな印象が和らぎ、カジュアルな雰囲気が漂うようになります。

襟立ての際のポイントは、華美になりすぎないことです。まず、襟を全体的に立たせます。その後に、前襟の部分だけを寝かせます。

そうすると、**後ろ襟だけが立っている状態になり、やりすぎの印象もなく、バランスのいい襟立てが完成します。**

もちろん、マストでやらなくてはいけないことではありませんが、ステンカラーコートを着てみて、どこか平凡すぎてしっくりこないときに、ぜひ試してみてください。

休日のオフの雰囲気を出すには「襟立て」が効果的

［その4］　肩がけニット

最後は、少し難易度の高い着崩し方を紹介しておきます。

118ページで紹介したVネックカーディガンは、実際に着るだけではなく、肩にかけることで、着こなしのアクセントとして用いることもできます。

よく、「テレビ局のプロデューサーっぽい」などと揶揄《やゆ》されることもありますが、あくまでベーシックな色のものを、シンプルすぎる着こなしのときに取り入れると、一気におしゃれ感が漂います。

やり方は簡単です。

カーディガンのボタンをすべて留めて、脇の下のラインを目安に内側に折り込みます。あとは肩にかければ完成です。

カーディガンの腕部分を前で結ぶと「プロデューサー感」が強く出てしまいますので、**腕部分はそのまま垂らしておくのが自然でよいでしょう。**

これはマストな着こなしではありませんが、おしゃれが楽しくなったときのために、頭の片隅に置いておきましょう。

地味なコーディネートにこそ「肩掛けニット」がよく馴染む

2「色と柄」を極める

「ネイビー無地」以外はダメなのか？

ここまで、「色」はネイビーを中心に、「柄」は徹底的に無地を選ぶようにお伝えしてきました。

じゃあ、それ以外は絶対にＮＧかというと、そういうわけではありません。色と柄でも、アクセントを加えることは可能です。

ただ、**華美に見えすぎる色や柄を選んでしまうと、自己満足な印象を与えてしまう**ので、いくつかポイントを押さえておきましょう。

［その1］　アクセントカラー

普段の着こなしに手軽に変化を取り入れたいときには、「アクセントカラー」を加えましょう。

アクセントと聞くと、赤や黄色、緑のような「鮮やかな原色」を思い浮かべる人が多いと思います。これらの原色は、あまりにインパクトが強すぎて、ベーシックな定番服との相性がよくありません。全体の調和を乱してしまうのです。

アクセントというのは、派手な色のことだけを指すのではありません。周囲と比較して、そこに視点が集まれば十分なアクセントカラーと呼べます。

大人の男性が積極的に使うべきアクセントカラーは、ここまでも紹介してきたように、「ホワイト」です。定番色でありながらも、ネイビーやグレーなどの暗めの色使いの中で、一際目立つのが白です。着こなしのどこ

上半身に白アイテムを配置すると、一気に爽やかな印象に

かに白が加わるだけで、一気に明るさが出せます。

また、白だったら誰でも抵抗なく、気軽に取り入れることができるはずです。

たとえば、84ページで紹介したホワイトジーンズです。いつものブルージーンズを使った着こなしを、ホワイトジーンズに変えるだけで一気に洗練された印象になります。

また、116ページで紹介したホワイトの丸首ニットも、上半身の着こなしにパッと明るさを加えてくれます。

あと、忘れてはいけないのは足元のおしゃれです。**ホワイトスニーカーを使って足元に明るさを取り入れるのもおすすめの着こなし方です**。

大人の男性ファッションは、つい暗い色ばかりにまとまりがちです。全身の中に1つだけでもホワイトを使って、アクセントを加えてみることをおすすめします。

【その2】 ボーダー&ストライプ

無数にある柄物の中でも、誰もが気軽に取り入れやすいのが、シンプルな「**ストライプ柄**」と「**ボーダー柄**」です。誰が見ても違和感がないものなので、これらは積極的に取り入れていきましょう。

リラックスフィットポロシャツ

ウォッシュボーダーTシャツ
（長袖）

ウォッシュボーダーTシャツ
（半袖）

74ページで紹介したリネンシャツのストライプ柄は、涼し気な雰囲気でおすすめです。

ストライプはブルーとホワイトで構成されたものを選び、柄の幅は等間隔であまり太すぎないものがよいでしょう。単体で使うだけでもアクセントになります。

また、ボーダー柄も着こなしにカジュアル感を加えるにはもってこいのアイテムです。**全身がキメすぎになりそうなときにこそ活躍するのがボーダーのアイテムです。**

色はネイビーをベースに白のボーダーが入っているものが大人っぽく着こなせるのでおすすめです。上のように、Tシャツ、長袖カットソー、ポロシャツなどで取り入れてみてください。単体で着るよりも、ジャケットやコートの内側に差し込むことで、着こなしにカジュアル感を加えることができます。

3「小物」を極める

「7つの小物」を制覇する

「アクセントは後乗せするべき」ということを、本書では繰り返しお伝えしていますが、**まさに「小物」は後乗せするにはもってこいのアイテムだ**と言えます。

まずは基本となるトップスとボトムスをオーソドックスに合わせ、もの足りなく感じたら小物で調整する。これがもっとも失敗しないおしゃれの方法です。

ここでは、アクセントとして機能する便利な小物を7つ、「靴」「バッグ」「帽子」「アクセサリー」「時計」「メガネ・サングラス」「マフラー」を紹介しようと思います。

［その1］　靴

小物として、「靴」の役割は重要です。

男性の中には、「履き心地がよければ何でもいい」と考えている人も多いですが、それは大きな誤解です。足元を見ればその人がおしゃれかどうかの見分けがつくほど、靴は重要なパーツです。服と同様に、靴にも緩やかな流行があるので、定期的な入れ替えを検討してください。5年以上使ったものは思い切って捨てることが大事です。

意識するポイントは、「**靴とボトムスの繋《つな》がり**」です。ボトムスと近い色で馴染ませるのか、もしくはコントラストを付けてアクセントにするのかを考えます。

まず用意したいのが、シンプルな「**白のレザースニーカー**」です。デザインに何の特徴もない、プレーンなレザースニーカーこそ大人の男性にはよく似合います。スニーカーは

「白のレザースニーカー」は気軽に明るさを足せるマストアイテム

カジュアルなアイテムですが、素材がレザーだと大人っぽい清潔感が保てます。ブルージーンズやグレーパンツなどと合わせればコントラストを強く出せます。ただしホワイトジーンズと合わせるのは難易度が高すぎるので避けましょう。

白スニーカーを得意としているのが、ファストファッションブランドの「ZARA」です。前ページのようなシンプルなレザースニーカーを取り扱っています。ユニクロは靴などの小物があまり強くないため、その点を補うのにZARAはとても重宝します。

続いて、白スニーカーの対極にある「**黒スニーカー**」を揃えておきましょう。着こなしを引き締めるために用いるようにします。

これもデザインはとことんシンプルにします。下のようなカジュアル感の強いスリッポン型でも、黒レザーを選べばシャープな印象にまとまります。

ホワイトジーンズに合わせてコントラストを強く出すのもいいですし、ブルージーンズ

「スリッポン」は黒レザーを選べば大人っぽくまとまる

やグレーパンツと合わせて、着こなしに馴染ませると脚長効果も望めます。

大人の着こなしには、ラフなスニーカーだけではなく、きれいさの漂う上品な靴も必要です。

そこで用意したいのが「**ローファー**」です。

革靴の中でも適度なカジュアル感の漂うアイテムなので、ブルージーンズやホワイトジーンズとも意外と相性がいいです。着こなしが全体的にカジュアルすぎる場合は、ぜひローファーを取り入れてみましょう。

シンプルなデザインのローファーは、「GU」で手に入れることができます。しかも、価格は3000円以下です。

たしかに、近くでよく見ると質感の違いを感じますが、そこまで靴を熱心にのぞき込む人はいませんよね。なので、GUのもので十分に全体のコーディネートがまとまります。

「ローファー」はカジュアルなボトムスにも合う万能アイテム

1足揃えておくと非常に便利です。

また、夏場にアクセントとなる「エスパドリーユ」や「サンダル」も揃えておくといいでしょう。

エスパドリーユは、リゾート感の漂うシューズです。ZARAやGUで2000円前後で買い揃えることができます。リネンシャツやショートパンツとも相性抜群です。

サンダルは、定番であるビルケンシュトックの「アリゾナ」というモデルがおすすめです。中でもEVA素材を使ったモデルは4000円台とお手ごろです。色はブラックを選ぶと、カジュアルになりすぎません。

以上、靴を変えるだけで着こなしはまった

ラフな「サンダル」は黒で引き締めると大人っぽくまとまる

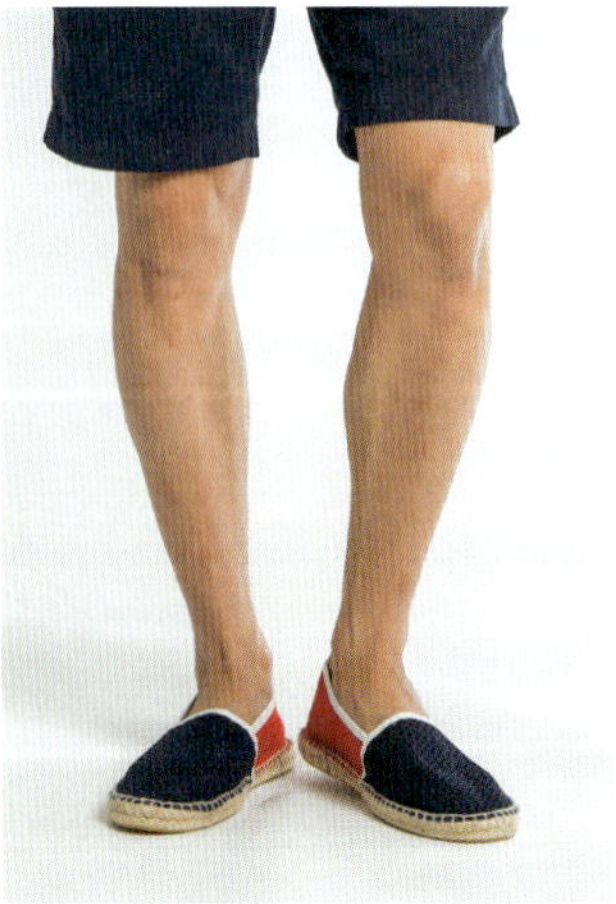

夏場には「トリコロールカラー」のアクセントが効果的

く別物になります。大事な1足を履きつぶすのではなく、3〜4足は揃えておくようにしましょう。

【その2】バッグ

次は、「バッグ」です。これも、使い方次第でアクセントとして機能するアイテムです。ファッションがどんなに整ったとしても、**斜めがけバッグをしてしまうと一気におじさんっぽく見えてしまいます。**

大人の男性が定番として揃えておきたいのが、「**シンプルなトートバッグ**」です。着こなしに上品さと大人っぽさを加えることができるアイテムです。小ぶりのものを持つと、どうしても女性っぽくなってしまうので、華奢《きゃしゃ》に見えない程度の大きさが必要です。

ただ、セレクトショップでレザーのものを

斜めがけより「肩がけトート」のほうが上品にまとまる

買おうとすると、1万5000円を超えるものが多いです。なので、なかなか手を出しにくいかもしれません。

そこでおすすめしたいのが、**グローバルワークの「フェイクレザートート」です。**

さまざまなレザーのトートバッグを見てきましたが、正直、近くで見ても質感の違いはそこまで感じられません。5000円台でこのクオリティのバッグが手に入るのであれば、コスパ最強のレザー風トートバッグと呼べるでしょう。

グローバルワークは、ユニクロのように全国展開している身近なお店です。シンプルなバッグを探すにはもってこいのショップなので、ぜひ実際に訪れてみてください。

もう一つ、アクセントとして使えるバッグは、「**クラッチバッグ**」です。トレンドアイテムでもありますが、いつものバッグをクラッチバッグに変えるだけで、一気に今っぽいファッションが実現できます。

アイテムそのものにアクセント的要素があるので、デザインや色はとことんシンプルなものを選びましょう。

「クラッチバッグ」を活用し、ポケットに財布をねじこむのは避ける

GUのクラッチバッグはフェイクレザーでありながらも、非常によくできています。これも、本物のレザーと比べてほとんど見分けがつかず、その品質の高さに驚きました。価格も、なんと2000円以内です。アクセントとして取り入れてみるとよいでしょう。

以上、バッグはユニクロの得意分野ではありませんので、GUやグローバルワーク、ZARAなどのショップを有効に活用しましょう。

【その3】　帽子

次に紹介したいのが、「帽子」です。

アクセントの中でも、もっともハードルの高さを感じるアイテムだと思います。僕のお客さんにも、帽子を提案すると、「あんまり似合わないんですよね……」と、すぐに拒否反応を示す人が多いです。

じゃあ、帽子は実際に使いにくいアイテムなのかというと、そんなことはまったくありません。

「目が慣れていない」というのが帽子が似合わないと感じる一番の原因です。最初のうちは誰でも違和感があって当然です。それでも何度もかぶり続けると、帽子をかぶっている自分の姿に少しずつ見慣れるようになります。ぜひトライしてみましょう。

僕自身、帽子が好きで、休日はほぼ100％帽子をかぶっています。僕が帽子をかぶる理由は、おしゃれをしたいからではなく、休日にヘアスタイルをセットするのが面倒だからです。寝グセのままでも帽子をかぶってしまえば、すぐに「おしゃれ感」が得られます。

なので、みなさんにも、**おしゃれのために使いこなそうと意気込むのではなく、「寝グセ隠し」のように気軽に取り入れてみてほしいです。**

さて、帽子にもさまざまな種類があります。

その中で特におすすめなのが、「**ハット**」です。まさにハードルの高さを感じるアイテムの代名詞だと思いますが、実は比較的、誰にでも似合いやすいアイテムなのです。

デザインはムダな装飾がないもので、色はシンプルにネイビーや黒を選びましょう。

「ハット」は、額の面積を広めにするとキザっぽくならない

ツバの大きさは5センチ前後で、あまり大きすぎないものだと大人っぽく感じられます。**かぶる際に大切なのは、前髪をしっかりと帽子の内側に隠すことです。**かぶるときに手で髪をかきわけながら、帽子の内側に前髪を入れ込みます。

そして、額を3～4センチほど見せるようにしてください。このようなちょっとしたかぶり方の違いだけで、帽子の似合い方は大きく変わります。

コーディネートですが、ジャケットのようなこぎれいなスタイルにハットを合わせるとキザさが際立ちます。Tシャツやショートパンツなど、夏の軽装のときにこそハットは役立ちます。カジュアルすぎる装いのときに、手軽にきれいさを加えましょう。


もう一つおすすめしたいのが、「**ニット帽**」です。

これもハードルが高く感じるアイテムかもしれませんが、目を慣らしてみてください。ハットとは逆に、ニット帽はカジュアルな帽子と言えます。この両極端を揃えておくことで、着こなしの幅が広がります。

ハットとは対極に、ジャケットやシャツなどを着崩す

きれいめな着こなしには「ニット帽」でカジュアル感を加える

ときに取り入れるとバランスがいいでしょう。

こちらも額を3センチほど見せながら、前髪を隠してかぶるようにしましょう。

ちなみに、**ハットとニット帽、どちらもユニクロで揃えることができます。**ぜひ気軽に取り入れてみてください。

［その4］アクセサリー

「大人の男性にアクセサリーが必要なのか？」というと、決してマストではありません。しかし、あればおしゃれに見えるのもたしかです。いつもの着こなしにマンネリを感じたときこそ、ぜひ取り入れてみましょう。

アクセサリーにもさまざまな種類がありますが、大人の男性におすすめなのは、「シンプルなブレスレット」です。

左手に時計、右手にブレスレット、というバランスだと、キザに見えすぎません。腕が露出する春夏のファッションにおいて、アク

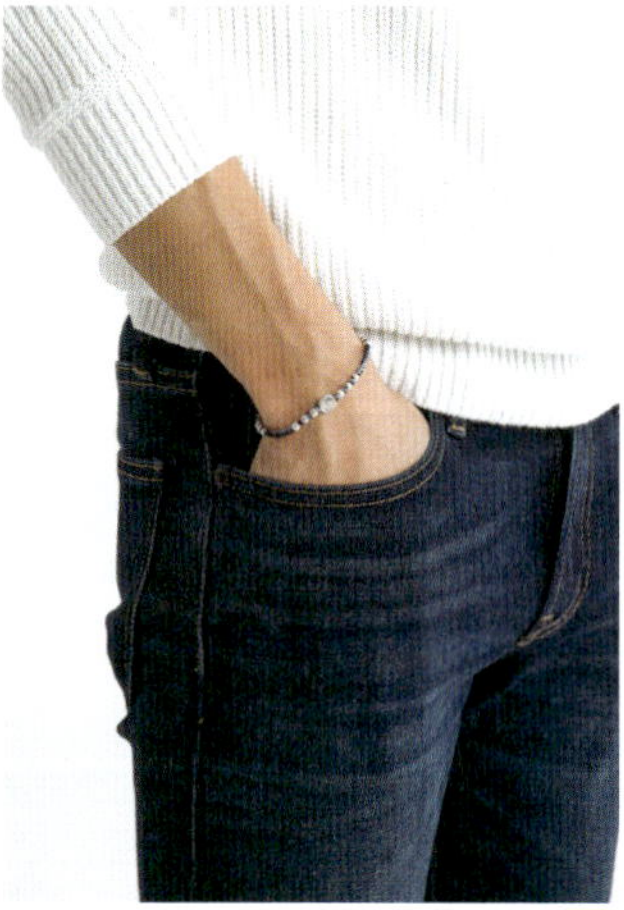

シンプルな服だからこそ、「ブレスレット」が嫌味なく調和する

セサリーはよいアクセントになるでしょう。

ちなみに、**ピアスや指輪、ネックレスは、難易度が高いため、まずはブレスレットのみにとどめておくことが大切です。**

ブレスレットの中でおすすめなのが、ここ数年のトレンドである紐状のブレスレットです。イオンなどに入っている大人向けカジュアルブランド「**BAYFLOW**」に、素敵なものが揃っています。セレクトショップで買えば1万円を超えてしまうものも多いですが、BAYFLOWだと3000円前後で買い揃えることができます。

色はブルーベースのシンプルなものを選びましょう。

【その5】 時計

右手にブレスレットをしたら、左手には「時計」をするようにします。

ただ、最近では、「わざわざ時計なんてしない」という男性が増えてきました。そんな現代において時計というのは、**機能よりアクセサリーの側面が重要視されている**と言えるでしょう。アクセサリーを着けるのは気恥ずかしいという男性はいますが、時計であれば話は別です。

そうはいっても、時計に何十万円も投資できる人は限られています。まずは無理のない範囲で、着こなしにおけるアクセントとして時計を活用してみましょう。

とりあえず1本揃えるのであれば、男っぽさの漂う「ミリタリーウォッチ」がおすすめです。適度にカジュアル感がありながらも、ラフなジャケットスタイルにもよく合います。価格をとことん抑えたいなら、**タイメックスの「キャンパー」を選びましょう。**1万円未満で買えますし、いつの時代にも変わらない定番的な魅力があります。

もう少し投資できるのであれば、テクネの時計をおすすめします。下の写真のように、男らしい雰囲気の中にも上品さを感じさせるデザインに仕上がっています。

まずは、3万円未満で気軽に取り入れられる時計を買い揃えてみてください。

「時計」は機能よりデザイン重視

［その6］　メガネ・サングラス

普段からメガネをかけているのであれば、メガネこそもっとも重要なおしゃれのパーツだと言えます。人の視線は上半身に集まるので、目元に位置するメガネには注目が集まります。なので、適当に選ぶのではなく、慎重に選ぶことが大切です。

また、目が悪くない人でも、ファッションの一部としてダテメガネを取り入れてみるのもいいでしょう。

私服でメガネをかける場合、**素材は「プラスチック製」のものを選びます**。金属製のフレームだとビジネスライクな印象になりますので、オンとオフのメガネは分けたほうがいいでしょう。

形は、「ウェリントン」や「ボストン」など、少しクラシックな雰囲気が漂うものを選びましょう。実際にかけ比べて、しっくりくるほうを選んでみてください。

最近では、レンズ代込みで低価格で買えるお店が増えています。**おすすめは、「JINS」です**。ユニクロと同様、トレンドをいち早く捉え、低価格帯で表現するのがとても上手なブランドです。定番の「JINS CLASSIC」もいいですが、メガネの世界的産地である鯖江《さばえ》で生産されている「CELLULOID meets Sabae」が特におすすめです。2万円弱でこのクオリティのメガネが手に入るのは貴重です。顔まわりのアイテムは非常に目立つだけに、少し背伸びして投資してみるほうがいいでしょう。

また、多くの男性にとって、まだまだ馴染みが薄いのが、「サングラス」です。「海外旅行や車の運転のときはいいけど、それ以外はちょっと……」という人がほとんどでしょう。

しかし、夏場を少しでも快適に過ごすためには、サングラスを取り入れるのもいい選択です。帽子と同じで、「見慣れるまで」が勝負です。何度もかけて、サングラス姿の自分に見慣れてしまえば、夏場はサングラスなしには戻れません。

気軽に試してもらいたいのが、ユニクロのサングラスです。1500円程度で十分なクオリティのものが手に入ります。

プラスチックとメタルパーツが組み合わさった「コンビネーションサングラス」が特におすすめです。シンプルなデザインで、素材使いも旬です。

ただかけるだけでなく、ジャケットのポケットに入れたり、シャツやTシャツの首元に挿してみたり、着こなしのアクセントとしても用いることができます。

【その7】マフラー

冬の装いの中で目立つのが、「マフラー」の存在です。メガネと同様に、顔まわりに近いので視界に入りやすいアイテムだからです。

ユニクロにもシンプルなものが並んでいますが、アクセントとしては少しおもしろみに欠けるのも否めません。

マフラーを購入するのであれば、靴の項目でも紹介したZARAがおすすめです。 地味になりすぎない使い勝手のいいマフラーを揃えています。左のように、ネイビーやグレーを主体としたチェック柄を選べば、着こなしの程よいアクセントにもなります。

■マフラーの巻き方

両端の長さを揃える

ぐるりと首に一巻き。
左右の長さは揃える

右手側を円の内側に入れる

左右の長さを揃え、
コートの内側に入れ込んで完成

マフラーは薄手のものではなく、ある程度ボリュームのあるものを選んだほうが、立体感が出ます。

特に、冬場に活躍するチェスターコートは、襟元が開くデザインのため、ボリュームのあるマフラーで空間を埋めてあげるとおしゃれに見えます。

マフラーの巻き方にはさまざまなバリエーションがありますが、前ページの図を参考にしてみてください。

凝った巻き方は必要ありません。首元に1回ぐるりと巻いて、余った部分をコートの内側に入れ込むだけでも、十分着こなしが洗練されます。

4「クセのあるアイテム」を極める

遊び心は「ユニクロ以外」でカバー

ベーシックなアイテムがひと通り揃ったら、少しずつクセのあるアイテムにもトライしてみましょう。

ベーシックな着こなしの中に1つ加わるだけでも、視覚的な引っかかりを作ることができます。

ここで紹介したいのが、デニムの「**ウエスタンシャツ**」です。72ページで紹介したデニムシャツに比べると、デザイン的にもやや特徴がありますが、これも昔から存在するオーソドックスなアイテムです。そのため、やりすぎ感は漂いません。

「プリントTシャツ」は、なるべくシンプルなものを選び、重ね着に使う

「デニムウエスタンシャツ」は、きれいめアイテムに合わせたい

こうした少し遊び心のあるものを取り入れるだけでも、着こなしにアクセントが加わります。上にコートやジャケットを羽織り、きれいめなアイテムとミックスするとバランスが整うでしょう。

また、100ページではTシャツを紹介しました。そこでは、とことん無地を選ぶように説明しましたが、**シンプルなデザインのプリントTシャツであれば、大人の着こなしに馴染ませることができます。**

白やネイビーをベースとした、シンプルなTシャツは着こなしに程よいカジュアル感を加えてくれます。ジャケットやカーディガンなど、Tシャツの上に1枚羽織ることで、一定の大人っぽさを漂わせるのがポイントになります。

ちなみに、これらのクセのあるアイテムは、「どこで買うか」がとても大切です。このあたりは、シンプルさに定評のあるユニクロの不得意な分野と言えます。

おすすめは153ページでも紹介した「BAYFLOW」です。ここ数年のトレンドである、アメリカ西海岸をイメージしたファッションアイテムが得意なブランドです。

デザインのいいデニムウエスタンシャツやプリントTシャツが安定して揃っています。

基本が整ったら、次の段階として、このようなアイテムも積極的に取り入れてみてください。

きれいめなボトムスと合わせてバランスをとる

カーディガンを羽織れば、ほどよいアクセントになる

5 「トレンドアイテム」を極める

トレンドは「さりげなく」取り入れる

本章で最後に紹介するアクセントは、「トレンドアイテム」です。ファッションには、いつの時代も変わらない「定番」が存在する一方で、その時代々々に合ったトレンド（流行）もあります。

「**流行を追っかけるのはカッコ悪いよね**」という声をよく耳にしますが、昔と比べると今は価値観が多様化しているため、わかりやすい流行というのは起こりにくくなりました。

そのため、流行といっても、一部の人は知っているけれど、多くの人は知らないというものがほとんどです。そうすると、「流行を一切追わない」というスタンスよりも、「流行を程よく取り入れる」くらいがかえっておしゃれに見えます。

私たちは、歳を重ねるごとに変化することが苦手になり、つい同じような格好ばかりしてしまうものです。だからこそ、今の時代に合ったファッションを取り入れてみることに価値が出てきます。

安いからこそ「お試し」をしてみる

それでは、どのようにしてトレンドを取り入れればいいのでしょうか。答えは簡単、ユニクロを使えばいいのです。ユニクロこそトレンドをいち早く私たちに届けてくれる最強のブランドです。

トレンドというのは、最初のうちはごく一部のおしゃれな人たちの間だけで共有されるのですが、時間が経つと少しずつ一般層へと広がっていきます。その大きなきっかけになるのが、ユニクロです。**ユニクロが商品化すると、流行は一気に一般化されていきます。**

まずは、ユニクロが推しているトレンドアイテムを試してみることから始めてみましょう。手が届きやすい価格帯でトレンドアイテムを販売しているので、そこまでハードルの高さを感じないはずです。
ここでは、今のトレンドアイテムをいくつか紹介してみましょう。

【その1】 半袖ニット

ここ数年、「半袖ニット」がトレンドになっています。ニットと言えば、本来は春や秋など、季節の変わり目に重宝するアイテムですが、このニットを半袖にして、夏にも活用できる形にしたのが半袖ニットです。

Tシャツ1枚だと大人の着こなしには不向きですが、半袖ニットだと厚みが出るので体のラインも隠れます。ニットが持つ上品さ、大人っぽさのおかげで、大人の男性にも似合いやすいのが特徴です。

「半袖ニット」は、大人に似合う新定番アイテム

【その2】 開襟シャツ

また、「開襟シャツ（オープンカラーシャツ）」も近年のトレンドアイテムの1つです。いわゆるアロハシャツや

「開襟シャツ」は、深めの色で大人っぽく

ボウリングシャツのような、クラシックなデザインが特徴です。

街で見かけるおじいさんなどもこのようなシャツを着ていることが多いので、あまりおしゃれなイメージを持っていない人も多いかもしれません。ですが、近年のトレンドアイテムとしてここ数年でよく見かけるようになりました。

実際に使ってみると着こなしは簡単で、**ネイビーやブラックなど深めの開襟シャツをホワイトジーンズに合わせたり、ネイビーのショートパンツで合わせるだけで様になります。**思い切ってコントラストを高めにするか、深めの色でまとめるか、どちらかに振ってしまえば、意外と使いやすいものです。

このようなトレンドアイテムも、全身の中で1つだけに絞り、第2章で紹介した定番アイテムとミックスすることで、違和感なく馴染ませることができます。ぜひ、「普通」の退屈さから抜け出すために、トレンドのアクセントを加えてみてください。

大人の男のヘアスタイルとは

ファッションと同時に考えるべきなのが、「ヘアスタイル」です。人と出会った瞬間に最初に目に飛び込んでくる箇所には、最大限の気を配るべきです。そう考えると、ヘアスタイルも重要度の高いパーツだと言えます。

本書の冒頭でもお伝えしたように、**どんなにファッションを磨いても、ヘアスタイルがイマイチだとすべてが台無しになってしまいます。**ヘアスタイルはファッションの一部だと考え、しっかりと向き合うようにしましょう。

それでは、大人の男性はどんなヘアスタイルを目指せばいいのでしょうか。

それは、流行に大きく左右されるものや奇抜なものではありませんし、髪の色を染める必要もありません。ここまで紹介してきた服選びと同様に、マイナス点をとらなければOKです。清潔感があり、見ていて違和感のないスタイルを目指しましょう。

大人の男性に似合いやすいヘアスタイルといえば、サイドとバックをスッキリさせて、額を見せるスタイルです。オンとオフ、どちらにも馴染むヘアスタイルです。

全体の長さは好みでもかまいませんが、「**サイド&バックはスッキリさせて額見せスタイル**」というのが、大人の男性に似合う共通のヘアスタイルと呼べるでしょう。

なかなかイメージが湧かない人は、インターネットを活用してください。多数のヘアスタイル実例が紹介されている「**メンズビューティーBOX**」というサイトには、ビジネスシーンにも似合う、大人向けのヘアスタイルが多く掲載されています。

「メンズビューティーBOX」
https://www.beauty-box.jp/style/business/

こちらを参考に、ヘアスタイルの方向性を決めるといいでしょう。人気上位のヘアスタイルは誰にでも取り入れやすいものが多いので、こちらの画像をスマホなどで保存して、美容師さんに見せて相談してみてください。

男性はつい、同じお店で同じようなヘアスタイルをオーダーすることが多いはずです。

たしかに、いつもと違うヘアスタイルに変えることは勇気のいることです。しかし、これを機に、思い切って新しい一歩を踏み出してみてください。「いつもどおりのヘアスタイル」を抜け出すことができれば、一気に垢抜《あかぬ》けた印象が得られるはずです。

また、ヘアスタイルは、「**カット後に自分で再現できるかどうか**」がもっとも重要になります。日頃のヘアセットの方法についても美容師さんに確認するようにしてください。セットのために必要なワックスやヘアスプレーなどは、美容師さんのおすすめのものをお店でそのまま買い揃えておくといいでしょう。

さらに、**外に出て人と会う際には必ずヘアスタイルをセットする**という習慣をつけるようにしてください。最初は面倒かもしれませんが、そのうちヘアスタイルが整っていないと気持ちが落ち着かないようになるはずです。そこまでいけばもう十分、自分の新しいスタイルが確立されているはずです。

最後に、ヘアスタイルと合わせて眉毛《まゆげ》もカットしてもらいましょう。カットと一緒に対応してくれる美容室も多いです。**眉毛は全体を細くするのではなく、ムダな部分のみをカットしてもらうだけでOKです。**眉毛次第で印象も大きく変わります。ぜひ、ヘアスタイルと合わせて整えるようにしましょう。

付録

大人の男のコーディネート実例

最低限、コーディネートの「コツ」だけ押さえておく

コーディネートは大事じゃない？

最後に、ここまで紹介してきたアイテムやテクニックをうまく活かすための「コーディネートのコツ」についてお伝えします。

ですが、その前にあらためて強調しておきたいことがあります。

それは、「**おしゃれに見せるためには、コーディネートはさほど重要ではない**」ということです。第2章でコツコツ買い揃えてきた「定番アイテム」に、第3章の「アクセント」を加えれば、コーディネートはおのずと完成します。

本書の冒頭でも述べましたが、大切なのはコーディネート以前の「アイテム集め」です。どんなにコーディネートスキルが高くても、手持ちのアイテムがイマイチだと素敵なファッションは実現できません。コーディネート自体でおしゃれに見せようとするのではなく、アイテム選びを丁寧に行うことが、超速おしゃれの近道だということは絶対に覚えておいてください。

その上で、押さえておくといいポイントがいくつか存在します。順を追って解説していきたいと思います。

「カジュアル」と「きれいめ」のバランス

まずはコーディネートにおける大前提からお伝えします。

コーディネートの際に心がけたいのが、「**カジュアルときれいめのバランスをとる**」ということです。

歳を重ねると肌や髪の質感、体型が変わり、若い頃のようなフレッシュさが失われていきます。

「昔は何を着てもそれなりに似合ったけど、最近はしっくりこない……」という人も多いと思います。

それは当然で、歳を重ねたぶんだけ似合う服も変わってきます。失われたフレッシュさは、服で補うことが大切です。

若い頃であれば古着を着たってそれなりに見えてしまうのですが、大人になってから古着を用いると、どこかくたびれた印象になってしまいます。大人の男性こそ、服でこぎれいさを加えてあげることがとても大切なのです。

というのも、**多くの男性はTシャツやパーカ、スニーカーなど、カジュアルでラクなアイテムばかりを選ぶことが多く、「きれいさ」の要素が圧倒的に足りていません。**年齢に応じて意識的に、きれいめのアイテムを増やしていくことが大切です。

実はこれまで紹介してきたアイテムには、それぞれの性質があります。その性質を「カジュアル」と「きれいめ」という基準で表現します。左の表を見てください。カジュアルなアイテムときれいめのアイテムを5段階でまとめています。

■「きれいめ〜カジュアル」アイテム早見表

きれいめ

5	チェスターコート、ネイビージャケット、グレーパンツ
4	ステンカラーコート、Vネックカーディガン、丸首ニット、白シャツ、デニムシャツ、リネンシャツ、ホワイトジーンズ、ハット、レザー風トートバッグ、クラッチバッグ、ローファー
3	ブロックテックパーカ、半袖ニット、開襟シャツ、ポロシャツ、眼鏡・サングラス、マフラー、アクセサリー、ミリタリーウォッチ、レザースニーカー
2	シームレスダウンパーカ、ウエスタンシャツ、無地Tシャツ、ブルージーンズ、チノパン、ショートパンツ、ニット帽
1	プリントTシャツ、パーカ、フリース、スウェットパンツ、サンダル

カジュアル

このように、すべてのアイテムは「カジュアル」か「きれいめ」かという基準で振り分けることができます。

そして、これらの性質が異なるアイテムを、「着こなしの中でミックスさせること」が非常に大切です。

全身がカジュアルなアイテムだけのときには、1点だけでもきれいめなアイテムを加えてみてください。それだけで一気に大人っぽい着こなしに変わります。

たとえば、Tシャツにブルージーンズ、スニーカーというコーディネート。これだと全身がカジュアルすぎるので、シャツの上にカジュアルジャケットを羽織ってみる。すると一気に大人な印象が漂うようになります。

以上、コーディネートでもっとも意識してもらいたいのが、カジュアルときれいめのバランスです。これさえ守れば、大人っぽい休日着のコーディネートが完成します。

おそらく、カジュアルなアイテムは誰もが持っていると思うので、ジャケットやニット、休日用の革靴など、きれいめなアイテムを優先して買うようにしましょう。

簡単にできる「カラーコーディネート」のコツ

上下の「コントラスト」を強める

アイテムのバランスのとり方を押さえたら、次はカラーコーディネートを考えます。

ここまで述べてきたことの復習になりますが、カラーコーディネートにおいて意識したいのが、「**コントラストを強める**」というテクニックです。

たとえば、「ネイビー×ホワイト」のように、色の差を大きくすることで、視覚的なメリハリをつけることを意識します。

わかりやすい例を挙げると、スーツスタイルが代表的です。ネイビーのスーツに白のYシャツという組み合わせは、まさにコントラストの強い着こなしと呼べます。実は、私たちの身の回りにも多く溢《あふ》れている基本的な配色であり、だからこそ違和感なく自然に取り入れることができます。

一方でコントラストをあまりつけない着こなし方もあります。

たとえば、グレーやベージュなどの中間色同士の組み合わせは上級者向きと言えます。失敗すると全身がぼんやりとしてしまい、締まりのない着こなしになってしまいます。

街で見かけるイマイチなファッションは、そのようにメリハリが効いていないことが多いです。まずは、コントラストを強めた色合わせから試してみましょう。

上半身の内側と外側でコントラストをつける

上半身と下半身でメリハリをつける

「色合わせ」をマスターする

続いて、具体的な色の組み合わせについて紹介していきます。第1章で、大人の男性には基本となる色使いがあり、まずはこれらの色を徹底して集めることが大切だと説明しました。あらためて復習すると、ネイビー、グレー、ベージュ、ブラック、ホワイトが基本カラーになります。これらの色合いをどのように組み合わせればいいのか、具体例を挙げながら解説していきます。

【その1】　ネイビー×ホワイト

ネイビーとホワイトの組み合わせは、春夏の爽やかな雰囲気を表現するのにもってこいの配色です。濃い色と明るい色の組み合わせでコントラストが強く、メリハリのある着こなしが実現できます。

「ネイビー×ホワイト」の爽やかな組み合わせ

実は春夏に限らず、**着こなしが暗くなりがちな秋冬にも効果的な配色です。**

まずはネイビージャケットにホワイトジーンズのように、上半身と下半身をネイビーとホワイトで配色することから始めましょう。あるいは、ネイビージャケットの下に白シャツを合わせて、上半身の中でこの配色を意識するのもおすすめです。

【その2】 ベージュ×ネイビー

ベージュ×ネイビーの色合わせも定番的であり、多くの人にとって見慣れている配色でしょう。チノパンに使われることの多いベージュはあえてコートに取り入れ、ボトムスはブルージーンズを合わせることで着こなし全体が引き締まります。

全身を淡い色のみで構成するとメリハリがつかず、難易度が高くなります。

膨張色のベージュにはネイビーやブラックを合わせて、しっかりとコントラストを強めることを意識しましょう。

「ベージュ×ネイビー」。膨張色を濃い色で引き締める

【その3】ネイビー×ブラック

ネイビー×ブラックの組み合わせは、大人っぽくシックな雰囲気にまとまります。コントラストをあまりつけない色合わせの場合、暗めの色同士を合わせると失敗しません。**色の効果もあり、身体のラインがすっきりと見える「着《き》痩《や》せ効果」も望めます**。

全身ブラックで組み合わせると重苦しく見えますが、ネイビーとブラックで、小さく濃淡をつけるとおしゃれに見えます。ネイビーのTシャツの上にブラックのカーディガンを羽織るなど、秋冬の装いに効果的な配色と言えます。

「ネイビー×ブラック」でシャープな雰囲気に

さて、コーディネートのコツは以上です。

最後に、これまでのアイテムを活用した、「季節ごとのコーディネート」の具体例を紹介します。それぞれのシーンに合わせて、ぜひ参考にしてみてください。

1

Spring
春

ステンカラーコート
×
白丸首ニット
×
ブルージーンズ
×
白スニーカー

上半身はベージュのステンカラーコートに白の丸首ニットを合わせて、明るめに仕上げる。一方でボトムスはブルージーンズを選び、全体の印象を引き締めるとバランスが整う。ビジネスライクな雰囲気が漂うステンカラーコートは、後ろ襟を軽く立ち上げると一気にカジュアルな印象に。ジーンズはロールアップしてくるぶしを見せ、春らしい軽快さを取り入れるのも忘れずに。

白のボタンダウン（BD）シャツとブルージーンズの組み合わせは、いつの時代も変わらない鉄板コーディネート。それだけについ退屈に見えがちなので、着こなしにアクセントを加えることが大切。シャツの袖まくり、ジーンズのロールアップ、そしてニット帽や時計、メガネなどの小物をアクセントに加えることで、シンプルなコーディネートがぐっと映えるようになる。

白BDシャツ
×
ブルージーンズ
×
白スニーカー
×
ニット帽
×
メガネ

Spring
春
2

3
Spring
春

黒カーディガン
×
ネイビー
ボーダーポロシャツ
×
白ジーンズ
×
黒スリッポン

通常だと夏場に1枚で着ることの多いポロシャツは、あえて重ね着で活用するのが理想的。アクセントとなるボーダー柄を選び、上に黒のカーディガンを羽織れば、大人っぽい上半身が完成する。

一方でボトムスには白ジーンズを合わせ、コントラストを高めながら春らしい色使いを意識する。足元は黒スリッポンで引き締めると全体がまとまる。

デニムシャツと白ジーンズの組み合わせは、春夏にふさわしい爽やかさの漂う着こなし。これだけでもコントラストの効いたバランスいいコーディネートは完成するが、肩にネイビーカーディガンをかけることで、程よいアクセントが加わる。シャツ袖やボトムスの裾をロールアップすることで「こなれ感」もアップ。足元には黒のスリッポンを合わせて全身を引き締めると◎。

デニムシャツ
×
白ジーンズ
×
ネイビー
カーディガン
×
黒スリッポン

Spring
春
4

1
Summer
夏

リネンシャツ
×
ネイビー
ショートパンツ
×
エスパドリーユ
×
サングラス

清涼感漂うストライプのリネンシャツは真夏の必須アイテム。上半身をきれいめにまとめたら、ボトムスは軽快なショートパンツを合わせて涼しげな印象に仕上げる。開放感の溢れる夏だからこそ、靴にはトリコロールカラーのエスパドリーユを合わせて華やかさをプラス。

サングラスやアクセサリーなど、小物も取り入れながら、着こなしに彩りを添えてあげるのも忘れずに。

ここ数年のトレンドアイテムである半袖ニットを中心に据えた着こなし。Tシャツ1枚よりもニットが持つ上品さのお陰で大人っぽくまとまる。濃い色味のジーンズを合わせることで、カジュアルな中にも品のよさを漂わせるのがポイント。シンプルな着こなしなので、物足りなさを感じたら、ハットを取り入れてアクセントを加えるとバランスが整う。

白半袖ニット
×
**デニム
アンクルパンツ**
×
サンダル
×
ハット

Summer
夏
2

3

Summer

夏

ネイビー半袖ニット
×
ブルージーンズ
×
黒スリッポン
×
ハット
×
サングラス

ネイビーの半袖ニットにブルージーンズという濃い色同士のコーディネート。このようなシンプルな装いにこそ、アクセントとしてハットを用いるのが効果的。靴も黒のスリッポンを合わせて、全身をブルー×ブラックにまとめると、カジュアルな着こなしでも大人っぽく見える。夏のまぶしい日差しにはサングラスも必須。ニットの首元に引っ掛けて、アクセントとして添えるのもいい。

トレンド感の漂うオープンカラーシャツをメインとした着こなし。黒の開襟シャツ自体にレトロ感が漂うため、ボトムスには白ジーンズを合わせて爽やかさを加えると◎。たくさんの色は使わず、全身をシンプルにまとめることで、トレンド感の強いアイテムでも上手に使いこなすことができる。

開襟シャツ
×
グレーボーダーTシャツ
×
白ジーンズ
×
黒スリッポン

Summer
夏
4

1 Autumn 秋

ネイビージャケット
×
白プリントTシャツ
×
ブルージーンズ
×
黒スリッポン

ネイビージャケットに白のプリントTシャツを合わせた定番的なコーディネート。無地のTシャツを合わせるのもいいが、プリントTシャツを合わせることで、ジャケットが持つ堅苦しさを中和することができる。ジャケットの袖を軽くまくったり、ジーンズにロールアップを加えることで、ジャケットをカジュアルに着崩すことが最大のポイント。

秋口に積極的に活用したいのが、シンプルな丸首ニット。中間色であるグレーのニットにデニム地のアンクルパンツを合わせるだけの気軽に取り入れやすいコーディネート。ニットの下には無地Tシャツを着て、首元をすっきり見せるのがポイント。カジュアルな着こなしなだけに、足元はローファーで引き締めるのが◎。全体を見て物足りなさを感じたら、メガネを取り入れてアクセントを添えるのもよい。

グレー丸首ニット
×
デニム
アンクルパンツ
×
ローファー
×
メガネ

Autumn
秋
2

3 Autumn 秋

ステンカラーコート
×
白BDシャツ
×
グレー丸首ニット
×
ブルージーンズ
×
黒スリッポン

秋らしいネイビーのステンカラーコートには、カジュアル感の漂うブルージーンズを合わせて着崩すのがポイント。コートの下には白シャツとグレーニットを重ねて、奥行きのある着こなしを作る。白シャツは外に出して、ニットの裾から少しのぞかせると明るさが足せる。足元には黒スリッポンを合わせて、きれいめとカジュアルのバランスを意識するとおしゃれにまとまる。

アクセントとして活躍するボーダーの長袖カットソーをメインに据えたコーディネート。白シャツと重ね着をすることで、着こなしに奥行きを出すとおしゃれに見える。裾から白シャツをのぞかせると爽やかな印象に。全体的にカジュアルな印象なので、足元はローファーで引き締める。コーディネートに物足りなさを感じたら、ニット帽などの小物で調整すると全身のバランスが整う。

ボーダーカットソー
×
白BDシャツ
×
グレー
アンクルパンツ
×
ローファー
×
ニット帽

Autumn
秋
4

1

Winter

冬

チェスターコート

×

グレー丸首ニット

×

ブルージーンズ

×

白スニーカー

重厚感漂うチェスターコートはブルージーンズやホワイトスニーカーなど、カジュアルなアイテムと合わせて適度に着崩すのがポイント。グレーの丸首ニットは品のよさを持ちつつも、適度にカジュアル感も加えてくれるため、コートとジーンズをうまくつなげる役割をしている。ロールアップした足元から見えるソックスもいいアクセントに。

アウターの中でも、もっともカジュアル度の高いダウンは、きれいめのアイテムと合わせることで、バランスを整えることが大切。ダウンの内側にはニット、ボトムスには白ジーンズを合わせて、きれいめの要素をプラスする。ホワイトジーンズの代わりにグレースラックスを合わせるのもよい。カジュアルなアイテムをいかに大人っぽく見せるかがポイント。

シームレスダウン
×
ネイビー丸首ニット
×
白ジーンズ
×
黒スリッポン

Winter
冬
2

3

Winter
冬

チェスターコート
×
デニム
ウエスタンシャツ
×
白ジーンズ
×
黒スリッポン
×
マフラー

チェスターコートを使った別パターンのコーディネート。カジュアルな雰囲気のウエスタンシャツを合わせることで、チェスターコートが持つビジネスライクな印象を和らげるのがポイント。冬の装いはつい暗めにまとまりがちなので、白ジーンズを差し込むと一気に明るい印象に。空いた首元にはチェックのマフラーを添えて、ボリュームを持たせるといいアクセントになる。

ダウンをメインとした別コーディネート。ニットやグレーのアンクルパンツといった、ややきれいめなアイテムを合わせることで、着こなしを上品にまとめるのがポイント。暗くなりがちな冬場のコーディネートも、ニットやスニーカーに差し色のホワイトを取り入れると一気に華やかな印象にまとまる。ニット帽をプラスして着こなしにアクセントを加えるのも◎。

シームレスダウン
×
白丸首ニット
×
グレー
アンクルパンツ
×
白スニーカー
×
ニット帽

Winter
冬
4

近所でもおしゃれに過ごす「ワンマイルウェア」

脱「よれよれ部屋着」

最後に紹介するのは、「ワンマイルウェア」と呼ばれる生活圏内をおしゃれに過ごすための着こなしです。

部屋着やご近所となると、つい使い古した服を着てしまいがちです。考えてみれば、ご近所圏内で着る服というのは、意外と着用頻度が高いものです。これらを新調することで、日々の生活における充実度が高まります。

着心地のよさは絶対条件ですが、**適度に大人っぽく、スタイリッシュな印象が漂うコーディネートを意識することが大切です。**この機会によれよれの部屋着を捨てて、新しいワンマイルウェアを新調してみてください。

「動きやすさ」と「こぎれいさ」

ワンマイルウェアとしての絶対条件は、「着心地のよさ」です。ストレッチが効いていて、ストレスの感じないものを選びましょう。

その上でデザイン的にシンプルで、大人っぽさの漂うものであればなおよしです。

それを踏まえた上でおすすめしたいのが、**96ページでも紹介したユニクロのブロックテックパーカです**。生地にストレッチが効いていてものすごく軽量なので、着ていてまったくストレスがありません。

また、着心地のよさだけでなく、デザイン性も秀逸で、ムダのないシンプルなデザインは、大人の着こなしにもよく馴染みます。買っておいて損はありません。

そしてもう一つ、くるぶしを見せて気軽に穿ける「**アンクルパンツ**」。これも非常に重宝するアイテムです。

ユニクロには同じような丈感の「ジョガーパンツ」もありますが、リブ（裾のゴム部分）を使ったデザインはどうしても見た目のリラックス感が強く出すぎてしまうため、大人の男性には着こなすのが難しいです。アンクルパンツのように、デザインがシンプルなアイテムのほうが圧倒的に使いやすいでしょう。

アンクルパンツは、適度にきれいさの漂う「グレー」を選ぶといいでしょう。生地にはストレッチが効いていますし、ウエストにもゴムが入っているので気軽に使いやすいです。

ブロックテックパーカとアンクルパンツ、この2つのアイテムを軸に、ワンマイルウェアを組み立てるといいでしょう。

仕上げにニット帽をかぶれば、寝グセを直さなくても、そのまま外に出かけることができます。便利なコーディネートなので、ぜひ取り入れてみてください。

全身をカジュアルにしすぎない

ここで紹介したブロックテックパーカとアンクルパンツをどのように使いこなすべきかというと、これまで揃えた定番アイテムとミックスすることが大切です。

全身をラフなものだけで構成してしまうと、大人の男性には少しカジュアルすぎてしまいます。**きれいめの要素を必ず足すようにしましょう。**

たとえば、黒のブロックテックパーカとグレーのアンクルパンツを使った着こなしには、カジュアルなTシャツを合わせるのではなく、あえて白のボタンダウンシャツを取り入れると、きれいめな要素を足すことができます。

ただ、きれいめな要素は、そこまでたくさん盛り込む必要はありません。全身で1～2点入っているだけでバランスがとれます。

次のページに、ワンマイルウェアのコーディネートを2つ紹介します。ぜひ、参考にしてみてください。

1

1mile wear

ワンマイルウェア

黒ブロックテックパーカ

×

白BDシャツ

×

グレーアンクルパンツ

×

白スニーカー

シンプルでムダのないデザインのブロックテックパーカは、ワンマイルウェアの必須アイテム。スポーティーな要素の強いアイテムなので、下にはシワになっても様になる白のボタンダウンシャツ、ストレッチが効きつつもセンタープレスの入ったきれいめのアンクルパンツを合わせるとバランスが整う。ラクな着心地を保ちつつも、見た目にはきれいさが漂う大人のワンマイルウェアが完成する。

無地の白Tシャツにネイビーカーディガンを羽織れば、そのまま外に出てもまったく違和感のないスタイルが完成。ボトムスにはグレーのアンクルパンツを合わせると、カジュアルな中にもほんのり大人っぽさが漂う着こなしに。ちょっとした外出にヘアスタイルを整えるのも面倒なので、こんなときこそニット帽が活躍する。着心地のよさとラクさを備えながら、一定のこぎれいさも漂う大人のワンマイルウェアが完成する。

ネイビー
カーディガン
×
白Tシャツ
×
グレー
アンクルパンツ
×
白スニーカー
×
ニット帽

1mile wear
ワンマイル
ウェア
2

おわりに

本来、ファッションにルールなんてありません。奇抜な格好をしていても、着心地重視でラクさを求めても、自分のファッションに満足しているのであれば、それで十分です。人がどう思おうかなんて気にする必要はありません。

でも、僕自身はそう思いません。人からの目も気になりますし、せっかくだったら周囲の人たちに、「素敵だな」と思われたい。自己満足だけではなく、他人からの評価も含めてファッションを楽しみたいと思ってしまいます。そして、僕と同じように考えている人は、少なくないはずです。

本書では、好印象を得るための大人のファッションの基本についてお伝えしてきました。

ぜひ、自分の好き嫌いや個性など、そういったものは一度脇に置いて、そのままマネをしてみることから始めてみてください。

ただ、「本の内容の型にハマってみる」というと、簡単そうに思えるかもしれませんが、実はそんなに単純ではありません。ファッションを変えるというのは、今まで慣れ親しんだスタイルを変えるということであり、それなりの覚悟が必要になるからです。

そんな覚悟を、少しでも軽くして背中を押してあげたい。

そこで、ユニクロを中心とした低価格のアイテムを使うことを、この本では最優先しました。ファッションとしてどんなにまっとうなことを伝えても、アイテムの値段が高すぎると、新しい一歩はなかなか踏み出しにくいからです。

それが、前作『最強の「服選び」』との最大の違いです。

本書で紹介した服の価格帯は、最初の一歩として踏み出しやすいものに設定しました。ぜひ、無理のない範囲で次の一歩を歩んでみてください。

ファッションを変える際に大切なのは、「変化を楽しむ姿勢」です。鏡に映った新たな自分を見て、最初は照れるでしょうが、思い切って飛び込んでみることが大切です。はじめは違和感を覚えるのも当然です。「健全な違和感」がなければ、いつもと変わらないマンネリファッションに陥ってしまいます。

でも、大丈夫です。一度変わってみれば、必ずそのうち見慣れてきます。この違和感を乗り越えられたら、一気にファッションはいい方向へと変わりはじめます。

本書では、あえてユニクロをメインとしたファッション提案を行ってきましたが、ユニクロ以外にもたくさんの選択肢があります。ユニクロを中心にひと通り服が揃ったら、ぜひ今度は「セレクトショップ」の商品にトライしてみてください。

ファッションの基本を知らないうちは、ユニクロとセレクトショップの商品を比べても、その差がほとんどわからなかったかもしれませんが、少しずつ感性が磨かれていくと、その小さな差が少しずつわかるようになります。

次のステップは、この小さな差を楽しみながら、ファッションを微調整していくことです。パッと見では大きな違いはありませんが、そこにはちゃんとした違いがあります。

そのような小さな違いを積み重ねていくのが、ファッションの醍醐味でもあります。

その際には、先ほど紹介した『最強の「服選び」』がきっとお役に立てるはずです。リーズナブルなものと上質なものをミックスしながら、自分なりのオリジナルのファッションを築き上げていくことが、大人のファッションにおける一つの到達点でしょう。

＊

最後になりますが、前作に引き続いてご尽力いただいた編集者の種岡健さん、そしてカメラマンの清水啓介さん、モデルを担当してくださった田中直澄さんなど、たくさんの方々のおかげで、今回も満足のいく1冊を作ることができました。心から感謝しています。

本書がみなさんの今後の生活をより豊かなものにしてくれることを、心より願っています。ご感想などは、ツイッターやブログなどを通して、ぜひ聞かせていただければ嬉しく思います。日本中にファッションを楽しむ大人の男性が一人でも多くなることを楽しみにしています。

スタイリスト　大山旬

掲載協力ブランド(P154)

TECHNE(テクネ)
H° M' S" WatchStore 表参道
東京都渋谷区神宮前4-4-9 1F
TEL/FAX 03-6438-9321

ブックデザイン	小口翔平＋山之口正和(tobufune)
撮影	清水啓介(business-portrait.biz)
ヘアメイク	古味絵里奈
モデル(P4〜5)	田中直澄
モデル(上記以外)	大山 旬(著者)
校正	円水社
編集	種岡 健(大和書房)

大山 旬 （おおやま・しゅん）

スタイリスト。アパレル勤務、転職アドバイザーを経て独立。これまで著名人を含む3,000名以上のスタイリングを担当。2015年からオンラインファッションスクールを展開。おしゃれが苦手な大人の男性に、ファッションの基本をわかりやすく解説している。「自信を高めるためのファッション」をモットーに、ファッションの悩み解決に取り組んでいる。

主な著書に、『おしゃれが苦手でもセンスよく見せる 最強の「服選び」』（大和書房）があるほか、「おはよう日本」（NHK）、「めざましテレビ」（フジテレビ）、「読売新聞」、「朝日新聞」など、メディアへの出演も多数。

・ブログ　http://4colors-ps.com/blog/
・Twitter　https://twitter.com/shun_4colors
・オンラインスクール　「メンズファッションスクール（MFS）」 https://so-school.tokyo/lp1/

ユニクロ9割《わり》で超速《ちょうそく》おしゃれ

2017年10月30日　第1刷発行

著　者　大山《おおやま》 旬《しゅん》
発行者　佐藤 靖
発行所　大和《だいわ》書房
東京都文京区関口1-33-4
〒112-0014
電話　03-3203-4511

本文印刷　東京印書館
カバー印刷　歩プロセス
製本所　ナショナル製本

ISBN978-4-479-78402-9

http://www.daiwashobo.co.jp